知識ゼロからの

90°
この度は
大変申し訳
ありません

(株)アクセスイースト代表取締役
メディアトレーニング講師
山口明雄

謝り方入門

バシャ
バシャ

ピンチをチャンスに変える謝罪の秘けつ

●余計なことをいわない●相手の本心を探る●スピード対応を心掛ける●先手必勝!! と心得る●いうべきことはいう●経緯は正確に●常識のズレを考慮する●派手なパフォーマンスは慎む●一度で済むとは考えない

深刻なトラブルにおける謝罪方法

●他人にケガをさせた!●損害を与えてしまった!●火事を起こしてしまった!●交通事故を起こした!●食中毒を出してしまった!●子どもがいじめの加害者に!●不倫がバレた!●失言をしてしまった!

APOLOGY

幻冬舎

はじめに

人間、生きていれば「どうしても謝らなければならない」という事態に出くわすことがあります。もちろん、ったために誰かを傷つけたり、二度と許してもらえなかったりすることもあるかもしれません。

「済みません！」と潔《いさぎよ》く頭を下げるだけで済むこともあるでしょう。しかし、場合によっては謝り方を間違

謝罪が必要な場面には、必ず原因があります。単純な間違いや失敗はもちろん、思わぬ事故の場合もあるでしょう。シンプルな原因をこじらせてしまうのは、謝り方の拙《つたな》さなのです。

また、自分では謝る必要はない、と思っていても、相手はそうは思わない場合もあります。近年よく話題になるネット炎上なども、その顕著な例ですし、不倫などもそうです。極めて個人的な問題だから謝罪する必要はないという態度でいると、世間から反感を買い、二度と表舞台に立てなくなる人もいます。

一方、謝罪を受ける立場になったとき「仕方ない、許そう」と思える場合と「二度と許さない。顔も見たくない」と強いわだかまりが残る場合があります。これはいったい、何が原因なのでしょうか。

私がよく聞かれるのは、あらゆるケースに有効な謝罪方法はあるのでしょうか、ということです。実は、ありません。ただ、それは小手先のテクニックや魔法の言葉ではありません。なぜなら謝罪とは、人間性を映し出す鏡だからです。起こった事態に対するあなたの判断や、他人との付き合い方、社会との向き合い方、すべてがむき出しになります。

つまり、正しい謝罪方法を身につけるためには、まずはあなた自身を高めなければならないのです。たとえば、ふだんから、謝罪が必要になりそうな場面のシミュレーションをしておくのも手です。そうしておくことにより、人や社会とよりよい関係を築くためのヒントや考え方を、ふだんから蓄積することができます。それが、あなたの人間性を高めるのです。

本書が皆さまのお役に立ちますよう、心から願っております。

山口 明雄

本書の使い方

この本の主人公は謝罪株式会社の社員たち。とくに若手の新川くんと高宮くんは、さまざまな場面に遭遇します。彼らの成長を通して、私たちも謝罪を一から学んでいきましょう。

謝罪株式会社の人たち

新川くん　高宮くん

将来有望な新川くんと、ちょっと抜けているけれどガンコな一面もある高宮くん。ふたりはそれぞれの学び方で成長していきます。

小峰課長　新津部長

基本的にはやさしいふたりの上司。とくに高宮くんを心配しながら、失敗をしてしまう若手ふたりに謝り方を指導していきます。

小峰課長の妻・あかりさん
ひとり息子の輪くん

新津部長の妻・奈緒さん

新川くんの婚約者・香織さん

その他の人たち

美容に熱心なおばあちゃん

謝罪株式会社の子会社の人

レストラン高級の経営者

家電販売店で、レストランで、いろいろな場所でトラブルは起こります。彼らはいったいどのように対処していくのでしょうか？

「謝罪」に正解はあるのか？

大変申し訳ありませんでした
自分なりに考えたのですが原因は、作業期間が短かったうえにできたところから納品というスタイルを取ったため、相手任せになってしまったことではないかと思います
今後はチェック表などをつくり確認を怠らないようにしようと思います
なるほど
反省も分析もできてるな

今後 気をつけてくれ
起こっちゃったことは仕方ないし
はい！
ビクッ
高宮！
お前今まで何やっていたんだ
今回のことは新川ひとりの責任じゃないだろう
いえ……あの……
えっ
いやぁまさか先方がバラバラに納品してくるとは……
ちゃんと確認して入れてくるものだとばかり……
ハァ～～
高宮をこれからどう指導していこう……
気が重い
この仕事向いてないんじゃないかな…
カチョードンマイ！
お前今日のはマズイよ あれじゃ小峰さんだって許せないだろう？
えーーっ
だって俺たちだけの責任じゃないだろう？
居酒屋 謝罪貴族

謝ったらこちらの非を認めることになるし!
信念があってのコトよ!
うーん……
あのさ
俺このあいだメディアトレーニングの講座を受けたんだよ
?
メディアトレーニングってのは記者会見なんかのマスメディアに向けた謝罪方法のレクチャーなんだけど
そのとき謝罪にもハウツーがあることを知ったんだ
ハウツー?
アメリカなんかでは「謝ると負け。全責任を負わされる」とかいうけど
OH!
その考えは間違っているっていうこと
自分が悪くなくても相手を不快にさせたり迷惑をかけたりしたことに対してまずは謝らなければならない
相手の心情をおもんぱかるのだ
なんか損した気がしないか?それ……
結果得するって!

お前が今日「自分は悪くない」って主張したことで
正直小峰さんのお前に対する評価が下がったと思わないか
苦虫！
……そういえば……
仕事をしている以上自分が悪くなくても謝らなければならないときもあるよ
どうせならその機会もうまく利用してサラリーマンとしての評価を上げるくらいの気持ちでいないと
お前…コッソリそんなこと考えてたんだ
よし！
明日俺小峰さんにもう一度謝るよ！
その前にこの本で勉強したら？
『知識ゼロからの謝り方入門』？
へえー
知識ゼロ
もう失敗したくないからな……よし、これ、今夜借りていいか？
もちろん！一緒に謝り方を考えようぜ
その前にもう一杯♪

第3章 ピンチをチャンスに変える謝罪の秘けつ

第6章

深刻なトラブルにおける謝罪方法

第1章

「謝罪の基本」を知る

どんなに気をつけていても、ミスやトラブルは起こってしまうもの。しかし謝罪の仕方によって、そのあとの展開は大きく変わります。間違った謝り方をして炎上事件に発展することもあれば、ピンチをチャンスに変えてより確かな信頼を得ることもあります。その違いはいったい何か。謝罪の基本から学んでいきましょう。

01

「誠意」を伝える

仕事で失敗したり、人に不快な思いをさせてしまったりすることは誰にでもあります。謝罪で最も大切なことは何でしょうか。まずはその基本から考えてみましょう。

心からの反省が伝われば相手の怒りは鎮《しず》まる

私たちは多くの人々とさまざまな関係を築きながら生きています。人との交流のなかにあっては、望む望まないにかかわらずトラブルを避けることは困難です。

気をつけていてもミスをしてしまったり、悪気はなくても他人を怒らせてしまったりすることは、誰にでもあります。

そんなときにどんな対応をするのか。「謝り方」次第で、仕事も人間関係も大きく変化します。

謝罪とは、自分の過《あやま》ちを認めて相手に許しを請《こ》う行為です。適切な謝り方は相手や状況によってさまざまですが、いちばん重要なのは謝る側の「誠意」です。

誠意が相手に伝われば、たとえ口下手な人であっても許してもらえますし、逆に、誠意が伝わらなければ、どんなに言葉を尽くして何度も繰り返し謝ったところで相手の怒りは収まりません。

謝罪で最も大切なポイントは、まさにここ。目には見えない「誠意」をいかに〝見える化〟できるかということなのです。

プラスα

同じお詫びの言葉でも相手の反応は変わる

同じ言葉で謝っても、謝る側の態度や表情によって相手の反応は変わります。どんなに多額の賠償金を支払っても相手の怒りが鎮まらないこともあります。

「心」の問題であるということが、謝罪という行為の難しさなのです。

このたびは
あい
まっことに済みませんでした!!

誠意を「見える化」する謝罪方法

1 言葉や態度で伝える

「済みませんでした」「お詫び申しあげます」などと言葉や態度に表して自分の誠意を相手に伝える。謝罪の基本中の基本。

2 お詫びに金品を渡す

お詫びの品を渡したり賠償金を支払ったりして誠意を具体的な形にする。適切な品物や金額は、相手や状況によって異なる。

3 罰を受ける

謹慎や懲戒処分を受けたり、頭を丸刈りにするなど、明らかな罰を受けることで誠意を伝える。法の裁きを受けることもそのひとつ。

4 世間に伝える

謝罪広告を打ったり謝罪会見を開いたりして過ちを世間に公表することで、誠意を伝える。ブログやSNSなどを活用する方法も。

02 伝え方のテクニック

謝罪とは、社会生活を送るうえで必要不可欠なコミュニケーションスキルです。適切な知識と技術を身につければ、相手の感情を鎮め、ミスを防ぎ、トラブルを解決に導くことができます。

誠意が伝わる謝罪例

最初にお詫びの言葉を伝え、相手を大切にしている気持ちも言い添え、怒りの感情を緩和させる。今後の具体的な対策を提案し、関係性を再構築する意思があることも表明する。相手に誠意が伝われば、状況を好転できる。

反省の気持ちを相手にどうやって伝えるか？

謝罪で自分の誠意を相手に伝えるためには、テクニックが必要です。何の作為もなく、お詫びの気持ちをストレートに伝えて許してもらえるのが理想ですが、残念ながらそれは難しいでしょう。

伝え方を間違えてしまうと「誠意が感じられない！」「言い訳がましい！」とさらなる怒りを買い、火に油を注ぐことになりかねません。

ふだんのコミュニケーションでさえ自分の思いを他人に理解してもら

誠意が伝わらない謝罪例

本人は謝っているつもりでも、お詫びの言葉もなく、自分に責任があることも認めていないため、誠意が感じられない。状況報告だけで対応策の提案もないので、相手は納得できず怒りを倍増させてしまう。

うことは難しいのです。ましてや謝罪の場合、失言自体は些細《ささい》なものでも大きな誤解につながりやすいと心得ておきましょう。

心から反省することはもちろん大切ですが、謝り方にはそれ相応の技術や知識が必要なのです。

プラスα

誠意が伝わらなければ謝罪する意味がない

謝罪をするときには、お詫びの言葉・相手への思いやり・今後の対策・関係修復を願う意思など、伝えるべきことの基本的セオリーがあります。それらが抜けている謝罪では、たとえ事実の報告であっても相手は納得してくれず、誠意ある対応とは受け止めてくれません。反省している気持ちが伝わらなければ、謝罪する意味がなく、相手との関係をますます悪化させてしまいます。

03 悪化させる謝罪とは

謝罪に技術や知識が必要なのは、誠意を伝えて、さらに状況を好転させる必要があるからです。この基本を押さえておかないと、せっかく謝罪しても、より状況を悪化させてしまいます。

謝罪の気持ちを言葉や態度で示さない

自分のミスで相手を怒らせてしまった!

相手の怒りが収まらない

不用意な言葉や不誠実な態度では相手の態度が硬化し、さらなる怒りを買う。

↓

事態解決のための前進ができない

相手が激怒した状態では、冷静な話し合いは困難。状況はさらに悪化していく。

愚直なだけの謝罪では最悪の事態に陥ることも

「誠意」とは、自分の心の命じるままに動き、正直にことに当たる気持ちを指します。ただし、謝罪という場面においては、心の命じるままに動いたり正直な気持ちをそのまま口にしたりすると、かえって逆効果になることもあると覚えておいてください。

多くの場合、ミスやトラブルにはそれなりの事情があるものですが、それをそのまま伝えても「言い訳がましい！」「反省していない！」などと悪印象を与えてしまう可能性が

謝罪の気持ちを言葉や態度で示す

自分のミスで相手を怒らせてしまった!

相手の怒りを落ち着かせる

どんな場合でもまずは言葉や態度で謝罪の気持ちを伝えることを最優先する。

↓

ミスによって生じた事態の解決を図る

トラブルの重大さによっては通じない可能性もあるが、いずれの場合でも誠意ある言動で謝罪の気持ちを表明することが大切。

あります。不用意な言動が世間の怒りを買い、激しいバッシングを受けてしまう謝罪会見は、その代表例といえるでしょう。
謝罪で大切なのは、どちらが正しいかではありません。相手の理解を得られる「誠意の伝え方」なのです。

プラスα

号泣議員の説明会見に謝罪の本質を学ぼう

2014年に政務活動費を巡る不自然な支出が発覚した元兵庫県議は、説明会見で号泣しながら不可解な答弁を繰り返し、世間から非難を浴びました。本人は自分の感情を正直に打ち明けたつもりだったのかもしれませんが、疑惑に対する誠実な態度と受け止めた人は極めて少なかったようです。謝るという行為は、自分に正直であればいいというわけではないのです。

04

炎上しない伝え方

謝罪で大切なのは、誤解されない話し方をすることです。不適切な発言は炎上事件に発展しかねません。そんな事態に陥らないように伝え方のスキルの重要性を理解しましょう。

聞き手に解釈の余地を与えない話し方を

謝罪をするときに注意しなければならないのは、「誤解されない話し方」をすることです。

ふだんの会話ですら、同じ話を聞いても人はそれぞれ違う解釈をするものです。

自分の思いや伝えたい内容がそのまま相手に理解してもらえれば理想的ですが、それは容易なことではありません。

特に謝罪の場合は「自分のせいだと思われたくない」「自分の非を認めたくない」といった心理が働くため、責任を回避しようとして曖昧《あいまい》な伝え方をしがちになります。

しかし、それは逆効果。曖昧な話し方をすることで聞き手が独自に解釈できる余地が広がり、誤解される可能性が高くなってしまうからです。

近年は一般人の発言でもインターネットで拡散されることが珍しくなく、炎上事件に発展する事例も数多くみられます。

誤解を生むような発言をしたり、激情にかられて極論や暴言を口にしたりしないよう、細心の注意を払う必要があります。

プラスα

一般人もネット炎上の当事者になり得る

ネット炎上とは、不適切な発言に対して非難・批判・誹謗《ひぼう》・中傷等のコメントが殺到して攻撃される現象です。一般人の言葉であっても、不特定多数の目に触れ、怒りを買えば、そのサイトが炎上してしまう可能性は十分にあります。相手と直接対峙《たいじ》することのないネットの世界であっても、不特定多数の目を意識して発言するようにしましょう。

ネット炎上はこうして起きる!

ウェブでの発言を目にする
ブログ、ツイッター、フェイスブック、その他のSNSなどに不適切な発言が投稿される

↓

問題発言だ!
目にした複数の人が、違和感や憤りを覚え、それが炎上の火種となる

↓

サイトに転載
掲示板やまとめサイトに転載されることで、さらに多くの人々の目に触れる

↓

さまざまなサイトで炎上
ウェブメディアやポータルサイトに取り上げられて炎上事件に発展

↓

テレビ・雑誌に飛び火
ネット外のマスコミにも取り上げられることで、さらなる大炎上を呼ぶ

05 非難されやすい謝り方

謝っているのに、なぜか反感を買って世間から非難されてしまう。そんな事例は決して少なくありません。なぜ謝罪は失敗してしまうのか。その理由について考えてみましょう。

責任から逃れるために うわべだけの謝罪に

謝罪をするのは誰だって嫌なものです。自分に非があってもそれを素直に認めるのはつらいことであるうえ、他人から怒られることに対する本能的な恐怖もあります。

謝罪に成功する人が少ないのは、そういう意識が障害となって、責任から逃れようとして弁解が多くなったり、不利益を避けるためについつい余計なひと言を発してしまったりするからです。

特にビジネスの世界では、自分に非がなくても謝罪しなければならないケースが多々あります。自分には非がない場合の謝罪には、特に細心の注意が必要です。

「自分には組織を代表する責任がある」という意識を強くもたないと表面的な謝罪に終わってしまい、「責任転嫁してる！」「罪の意識を感じていない！」などと怒りを買い、最悪の場合はネット炎上などの事態に発展してしまいます。

仮にあなた個人の責任ではないにせよ、所属する会社のこと。当事者意識を強くもち、相手の感情への想像力も働かせて謝罪に臨みましょう。

プラスα

自分を守る言動は百害あって一利なし

人間は他人から責められると本能的に反発したくなるものです。しかし謝罪の場面では自分を守ろうとする言動はマイナスにしか作用しません。自分の行いを正当化したり責任転嫁したりすることは、百害あって一利なしです。

謝罪に失敗する代表例

反省の気持ちが伝わらない謝罪	説明が言い訳や弁解に聞こえる
うわべだけの謝罪	言葉では謝っているが誠意が感じられない
責任があることを認めない謝罪	責任の所在を曖昧にすることで自分を正当化
自分には非がないことを匂わせる謝罪	部下や取引先などに罪をなすりつけ責任転嫁
お詫びの言葉がない謝罪	謝罪相手に対してお詫びの言葉をいわない

06

謝れる人の利点を知る

謝罪が好きな人はいませんが、謝ることの上手な人はいます。ソツなく、速やかに謝ることのできる人と謝れない人とでは、評価に大きく差がつきます。その違いとは何でしょうか?

相手の印象はどう違う!?

謝罪を通じて自分の評価をプラスに

素直に謝れる人と謝れない人がいます。謝れない人のなかには自分に自信がない人が少なくありません。謝罪をすると自分の価値や評価が下がるという不安があるため、言い訳をしたり、他人に責任転嫁したりしてしまうのです。

しかし仕事でも人間関係でも、高く評価されるのは素直に謝れる人です。素直さは人に好感を与える大切な要素であり、企業の評価基準でも特に重要視されるポイントです。ま

謝れる人と謝れない人の評価の差

謝れない人	謝れる人
・自分のミスを認める素直さや勇気がない	・素直で謙虚な性格だからこそ成長も速い
・ミスやトラブルの処理能力が低い	・ミスやトラブルの処理能力が高い
・誠実さに欠け、人として信頼できない	・誠実な対応ができるので信頼感がもてる
・社会人としてのマナー意識が低い	・社会人としてのマナー意識が高い
・人の気持ちに鈍感で相手を不快にさせる	・人の気持ちを察する共感力が高い
・柔軟な対応ができず成長意欲も低い	・困難を乗り越える柔軟性やタフさがある

た、ミスを素直に認めることは向上心の表れであり、成長意欲が高いと判断されます。

たった一度のミスであなたの評価がすべて決まってしまうわけではありません。それより怖いのは謝れないことなのです。

プラスα

謝罪のプラス面に目を向けて

謝罪にはプラスに作用する要素もあります。謝れない人は謝罪のメリットに目を向けると謝りやすくなります。では、謝ることでどんなメリットがあるのでしょうか。

ひとつは、ふだんは聞きにくい本音が聞けること。結果、人間関係が好転することもままあります。もうひとつは、素直に謝ることによって自分の欠点に気づき、成長できることです。

07
プラスに捉える

謝罪の代表例といえば、苦情やクレームに対するお詫びです。担当者の頭を悩ませるこの問題も、捉え方次第でプラスに活用できます。柔軟な発想で困難を乗り越えましょう。

苦情・不満・クレームは期待していることの証

苦情やクレーム処理は謝罪のなかでも特に対応が難しいものですが、対処の仕方によってはビジネスチャンスにも変えられます。

そもそも苦情やクレームとは、顧客の「期待を裏切られた」という思いから発生します。

期待していたからこそ「実際には違った」と感じて不満をぶつけたくなるのです。つまりクレームとは、相手から期待が寄せられていることの証《あかし》であるといえます。

苦情やクレームを分析すると「本当はこうしてほしい」という顧客の潜在的なニーズも発見できます。

お客さまの不満を解消し、苦情をヒントに新たな改善策を講じれば、いま現在のトラブルを解決できるだけでなく、新たな顧客の獲得や拡大にもつながります。

優れた経営者やビジネスパーソンは、逆境をチャンスに変える柔軟な発想をもっているものです。

苦情やクレームをしっかり受け止めて、プラスの方向に生かせる認識をもつことが大切です。そして謝罪への苦手意識も克服しましょう。

プラスα

「グッドマンの法則」とは?

企業コンサルタントとして著名なジョン・グッドマン氏は、顧客が苦情を申し立てた際にその解決に満足が得られると再購入意欲が高まるという法則を提唱しています。苦情やクレームを受けるという窮地に立たされたときにこそ、誠実で適切な対処をすることでチャンスにつながる── 言い換えると、リピーター獲得にもつながるのです。

苦情やクレームを満足に変えて顧客やファンを増やす

良い例

苦情・クレーム

↓

適切な謝罪や速やかな対応

↓

お客さまが納得する

↓

結果 リピーターになってくれる

不満の解決に満足が得られたお客さまはリピーターになってくれる確率が高い。対応の仕方によっては顧客やファンの拡大に成功する。

悪い例

苦情・クレーム

↓

適切な謝罪や速やかな対応ができない

↓

お客さまがさらに怒る

↓

結果 お客さまが離れてしまう

不満を抱いたお客さまだけでなく、噂が周囲に広がり信用が落ちる。ネットなどでさらに噂が拡散してしまうと顧客の激減につながる。

08 チャンスに変えられる

不祥事を起こした企業のなかには、誠実な対応をしたことでより確かな信頼と評価を獲得した会社もあります。どんなピンチもチャンスに変えられます。その極意を掴みましょう。

ジャパネットたかたに謝罪の極意を学ぼう

不祥事というピンチをチャンスに変えたことで有名な企業といえば、通販会社ジャパネットたかたです。

2004年に同社は50万人以上の顧客情報の漏洩《ろうえい》が発覚しました。オーナー社長（当時）の髙田明氏は、ただちに営業中止を宣言しました。

そして、なんと1カ月半ものあいだ、事件の調査に集中し、毎週のように各所で謝罪も繰り返しました。この期間の減収は、およそ150億円にものぼるといわれています。

この勇気ある決断は同社の評判をより高めることになり、売り上げを回復できるくらい、信頼を取り戻すことができました。このように企業の存続が危ぶまれるほどの大事件でも、誠意ある謝罪と誠実な対応ができれば、ピンチをチャンスに変えることができます。

ジャパネットたかたのこの事例以外にも、謝罪の成功例はあり、お客さまの苦情やクレームから生まれた大ヒット商品も少なくありません。

謝罪はマイナス面ばかりではありません。正しい謝罪の方法を学び、より確かな信頼を獲得しましょう。

プラスα

クレームを買って驚異的な成長をした企業も

焼肉レストランチェーンの牛角は、クレームを生かしたある画期的な方法を経営に取り入れて、驚異的な速さでグループを成長させました。成功の秘けつは、なんとクレームを300円で買ったこと。奇想天外ともいえる発想ですが、勉強料を支払い、さまざまな苦情に対応した結果、7年で1000店舗まで増やすことに成功したのです。

徹底的に謝罪の気持ちを伝えてみる

第2章

謝罪の成功例と失敗例

謝罪にはさまざまなケースがあります。すべてに通用する絶対的な正解はありませんが、成功例と失敗例にはいくつかの共通するパターンがあります。参考にすべきＯＫな例や反面教師として知っておきたいＮＧな例を参考にして、謝罪の基本を学び、謝り方の正しい知識とスキルを身につけましょう。

01

最初に謝る

まずは、謝罪の成功例からみていきましょう。重要なのは、話の順番と組み立て方です。はじめにお詫びの言葉を述べて謝罪の意思を明確に伝えましょう。

まず結論から話して誤解されるのを防ぐ

謝罪をするときに大切なのは、話の構成を「逆ピラミッド」にすることです。

通常、私たちは起承転結の順番で話を積み上げていきますが、謝罪の場合は、まず結論であるお詫びの言葉から述べ、以下のような順序で話を進めていきましょう。

①お詫びの言葉
②相手の感情を思いやる言葉
③経緯の説明
④再発防止のための対応策
⑤お詫びと感謝の言葉

最初にお詫びの言葉を述べることで相手の怒りを鎮め、次に相手の感情を思いやる言葉を述べ、さらに事実関係を説明し、事態の大変さを認識していることを表明します。

そして今後の対策を伝え、最後にもう一度お詫びと感謝の言葉を述べるのが理想的です。

最も重要なのは、謝罪の意思を相手に理解してもらうこと。

逆ピラミッドの話し方は、最初に結論から述べるので伝えたいことが明確になり、誤解を生みにくくなるのです。

プラスα

簡潔に事実を伝えるのに有効な逆ピラミッド話法

結論や大切なことから話す「逆ピラミッド」は、誤解を招きづらいうえ、端的に多くの情報を提供できる伝え方で、ニュース報道に向いています。ニュースは、見出しで結論を、次にリードと呼ばれる200字程度の文章で事件の概要を説明します。つまり、最初に事件を俯瞰《ふかん》するために大切な情報だけを伝え、そのあと、細かい情報を補足していくのです。

謝罪に適した「逆ピラミッド」話法とは？

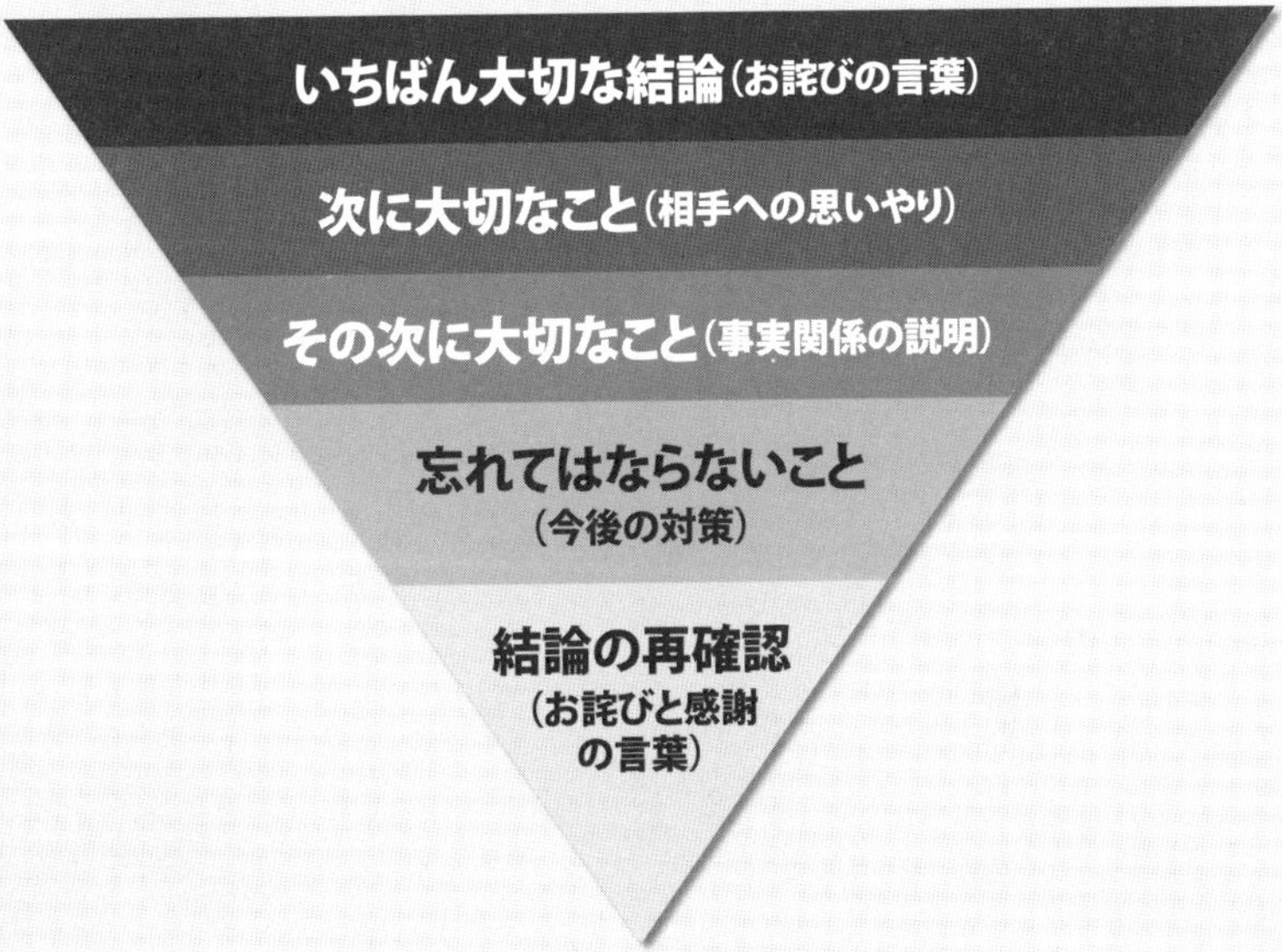
いちばん大切な結論（お詫びの言葉）
次に大切なこと（相手への思いやり）
その次に大切なこと（事実関係の説明）
忘れてはならないこと（今後の対策）
結論の再確認（お詫びと感謝の言葉）

逆ピラミッドの話し方では、重要なことから述べます。最初に結論をいい、次にその理由、経緯など重要な順に話を進めていきます。米国では「inverted（逆さにした）pyramid」といって子どもの頃から教えられる話し方のひとつで、謝罪に最も適しています。

いちばん大切なことを先に伝えるんだ
何をいちばん伝えたいかそれを考えるんだ
いちばん大切なこと

事実を伝えること？

02

過ちや責任を認める

相手の感情を逆撫《さかな》でする要素は、自分の非を認めない態度や自己保身のための言い訳です。まず素直に自分の過ちや責任を認めましょう。それが問題解決への第一歩です。

素直に非を認める姿勢が相手の怒りをやわらげる

最初にお詫びの言葉を述べることは大切ですが、それだけで相手の感情が鎮まるわけではありません。

次に必要なのは、相手の怒りや憎しみを軽減したり、悲しみを緩和させたりすること。そのためには、まず自分の非や責任を認める必要があります。

悪いことをしたら謝るのが常識。誰もがそう思っているものですが、いざ謝罪するとなると、言い訳をしたり、過ちを素直に認められなかったりする人が大多数です。自己保身に走って嘘をついてしまう人も、決して少なくありません。

しかしそういう態度では、相手の態度を硬化させ、さらに状況を悪くしてしまいます。

人間には誰しも「承認欲求」＝他人に自分を認めてもらいたいという気持ちがあり、その感情を満たしてくれる相手ほど好感を抱きやすくなるものです。

謝罪の場合も同様です。相手の承認欲求を満たして自分の印象を少しでも良くすることが解決につながります。素直な気持ちで謝りましょう。

プラスα

相手からの信頼を得るには?

謝罪で大切なのは相手からの信頼を回復することです。そのためには自分が犯した過失を可能な限り正確に話し、事実関係と自分の思いを、謝罪相手と共有することが不可欠になります。自分の非を全面的に認めるのはつらいことですが、逃げを打ったり予防線を張ったりした謝罪は、逆効果です。真実を話し、心から謝らなければ、一度怒らせてしまった相手の信頼を回復することはできません。

謝罪される側の心理

どうして
そうなったのか
説明してほしい
今後の対策を
示して誠意を
みせてほしい
自分の
責任を認めて
謝ってほしい
心から
反省して
ほしい
こちらの
気持ちを
理解してほしい
プンスカ
プンスカ

謝罪される側にとっての「誠意」とは、自分の気持ちを汲み取って対処してもらえること。逆に何か些細なことでもないがしろにされると「自分の過ちを認めていない！」「軽んじられた！」と感じて怒りを覚えます。この心情の流れに合わせた謝り方がP30〜31で紹介した話法です。まずは自分の過ちや責任を認めることからはじめましょう。

03 相手の感情を思いやる

謝罪とは、自分のためではなく相手のためにする行為です。相手の気持ちを推《お》し量《はか》り、状況に合った言葉を選ばなくてはいけません。謝罪に必要なのは相手目線の想像力です。

相手の身になって考え気遣う心を言葉にする

どんなに謝っても相手の怒りが収まらない。ますます怒りを募《つの》らせてしまう場合には「不快にさせて申し訳ない」という気持ちが伝わっていないと判断すべきです。

お詫びの気持ちを伝えるために大切なのは、相手目線の想像力です。つまり相手の立場になって気持ちを推し量り、相手に共感しながら謝罪するのです。

相手の立場で考えてみれば、「何に対して怒っているのか？」「何をいうべきなのか？」「どんな言葉遣いをするべきか？」といったことが自《おの》ずとみえてくるはずです。

企業のクレーム処理でも、心情を気遣う言葉を口にすると、お客さまの心証がガラリと変わります。

ただ謝るだけではなく「ご不快な思いをさせてしまい……」などのひと言を付け加えるだけで、相手の怒りが収まるケースもあります。

謝罪では「自分の思いをわかってくれた！」と相手に感じてもらえることが、とても重要なのです。まずは相手を気遣うひと言を述べて、謝罪をスムーズに進めましょう。

プラスα

**相手が怒っている
ポイントは何か？**

自分は謝罪しているつもりでも、相手がそう思わなければ謝っていないのと同じこと。ポイントを見誤ってしまうと、どんなに言葉を尽くしても相手の怒りは収まりません。話を聞きながら、相手が怒っている理由を探りましょう。相手の気持ちに寄り添ったひと言をプラスするのです。

相手を気遣うフレーズ集

「大変な思いをさせてしまったようで……」

「ご不便をおかけしてしまったようで……」

「ご不快な思いをさせてしまい……」

「お時間を取らせてしまい……」

「ご不審を抱かせてしまい……」

「せっかくお使いいただいたのに……」

「わざわざお越しくださったのに……」

04

解決策を伝える

具体的な解決策はケースバイケースですが、ビジネスでもプライベートでも重要なのは提示するタイミングです。その瞬間を適切に見極めることが謝罪の成否を決します。

提示する内容だけでなく話すタイミングも重要

お詫びの言葉を述べ、相手の心情や事実関係を確認できたら、具体的な対応や解決策を提示します。

ここで大切なポイントは、相手の感情が収まる瞬間を待つこと。

相手が怒りや悲しみで興奮している状態では、冷静な話し合いはできません。

謝罪する相手の態度も人それぞれ異なります。ガンガン怒りをぶつけてくる人もいれば、口を閉ざして何も話さない人もいます。

いずれにしても謝罪する側は話の流れをコントロールできませんし、ひたすらするべきではありません。ひたすら相手の話を聞くことも謝罪の重要なプロセスなのです。

また、どんなに怒っている人でも永遠に怒り続けることはできません。

一般的には20〜30分が限度であるといわれており、怒りのピークが途切れる瞬間が必ずやってきます。

その瞬間を見極め、あらかじめ用意してきた解決策の話をはじめましょう。提案内容はもちろんですが、話す内容に合わせて、ベストなタイミングをはかることも重要なのです。

プラスα

謝罪交渉では駆け引きは避けるべき

ビジネスでは駆け引きが常識ですが、謝罪交渉では補償内容を少なめに提案して相手のようすをみるような態度は慎むべき。その場では合意を得ても不信感をもたれて問題が再燃することもあります。最初からベストな提案で臨みましょう。

具体的な解決策の例

❶ 修理する・やり直す

製品・商品の故障やサービスの不備が原因なら、修理や修復をしたり、サービスをやり直したりして、あるべき状態へ戻す。

❷ 交換する

製品・商品に不備や欠陥があった場合、新しいもの・正しいものに交換する。

❸ 返金する

修理や交換ができない場合や、相手がそれに応じない場合は、代金をお返しする。

❹ 補償する

製品の欠陥等が原因でお客さまがケガをしたり、相手の名誉や財産などを損なったりした場合は、治療費の支払いや損害賠償が必要になるケースも。補償内容は金銭だけに限らない。

05

最後にもう一度謝る

最初だけお詫びの言葉を述べても、話の最後には謝罪の印象が薄くなっている可能性があります。最後にもう一度お詫びとお礼で締めくくれば、より謝罪の意が伝わります。

お詫びとお礼で締めくくり反省と感謝の意思を伝える

解決策を提示して納得してもらえたら、最後にもう一度、お詫びの言葉とお礼を述べて謝罪を締めくくりましょう。

謝罪で最も大切なのは、深く反省している意思を伝えることですが、話がこじれたり、長くなったりした場合には、最初に述べたお詫びの言葉の印象が薄くなっている可能性があります。だからこそ謝罪の最後をお詫びの言葉で締めくくることで、深い反省の気持ちがあることを改め

適切な謝罪と相手の心情

適切な謝罪により下記のような心情の変化が起こると、怒りや悲しみなどが次第に軽減・緩和し、許すという気持ちへ移行していく。

お詫びの言葉を述べる	とりあえず反省する意思はあるようだ
相手の感情を思いやる言葉	なぜ怒っているのか、こちらの気持ちも理解してくれてよかった
経緯の説明	なるほど、そういう事情があったのか
再発防止のための対応策	解決策もきちんと考えてくれたのか。本当に責任を感じてくれているんだな
お詫びと感謝の言葉	相手の誠意も感じられたし、今後改善してくれるのなら、今回の件は許そう

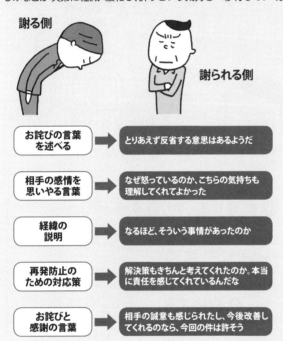

お詫びとお礼で締めくくると……

「締めの言葉」として、最初にもってきたお詫びの言葉を再び述べ、お礼の気持ちを伝えよう。誠意が伝わりやすくなる。

て相手に印象づけることができます。

そして苦情やクレームという形を取りながらも、問題点を指摘して改善のチャンスを与えてくれたことに感謝し、今後もよいお付き合いをしたいと願っていることを伝えられれば完璧です。

プラスα

謝罪は一度で終わるとは限らない

謝罪を受け入れてくれるかどうかは、あくまで相手が決めることです。一度謝ればそれで終わり、すべてが解決するとは限りません。しかし深く反省していることを相手に理解してもらえれば、怒りや憎しみ、悲しみなどの感情は、徐々に軽減していきます。そのタイミングなら、改善してもらえるという期待から「許す」という感情に移行しやすくなるのです。「申し訳ありません」は何度でも使っていい言葉です。

06

お詫びの言葉をいわない

謝罪相手に対してお詫びの言葉を述べない。そんな事例が少なくありません。受け取る側が謝っているように思えない謝罪は、火に油を注ぐようなもの。反面教師にすべき謝罪の代表例です。

説明よりも まずは謝罪の気持ちを

「もし成功の秘けつがひとつあるとしたら、それは他人の立場からモノをみることができる能力である」

これは米国のフォード・モーターの創設者ヘンリー・フォードの名言ですが、謝罪も同じです。何より大切なのは、相手の立場で物事を考え、心情を推し量り、慎重に言葉を選ぶこと。

では、謝罪の場面で相手が最も望んでいることとは何でしょうか？

それは当然「お詫びの言葉」です。まずはきちんと謝ってほしい。多くの場合、それこそが相手が最も願っていることです。

しかし気まずいあまりか、認めたくないのか、事態の収拾や責任を回避するための事情説明のみに終始し、お詫びの言葉をいわない人が実は少なくありません。

謝っているようで謝っていない謝罪は、相手の怒りを増幅させるだけ。「済みませんでした」「申し訳ございません」といった直接的なお詫びの言葉がなければ、どんなに言葉を尽くしても相手は納得できないのです。

プラスα

「誠に遺憾に思います」はNGワード

謝罪の言葉にも注意が必要。謝罪会見などでよく聞く「誠に遺憾《いかん》に思います」などの婉曲的《えんきょくてき》な表現は、うわべだけの言葉といった印象が強く、かえって誠意が伝わりません。率直に「申し訳ありません」「ごめんなさい」というべきでしょう。

「お詫びの言葉」は必ず伝えよう

「誠に申し訳ありません」

「本当にごめんなさい」

「どうも済みませんでした」

「大変失礼いたしました」

「お恥ずかしいかぎりでございます」

「心からお詫び申しあげます」

「深く恐縮いたしております」

プライベートやビジネスのシーンごとに、また相手との関係性や状況などを考えて、適切な表現を選んでお詫びの言葉を述べよう。

07

弁解や反論ばかり

相手の怒りを買ってしまう「謝っているようで謝っていない謝罪」の代表例といえば、言い訳がましい弁解を繰り返すケース。余計な反論は、相手の感情を逆撫でするだけです。

言い訳がましい弁解は百害あって一利なし

明らかなミスや深刻なトラブルを起こしてしまっても、過ちを認めず「現場から連絡がなくて」「営業の判断で」と弁解を繰り返したり、一言ひと言にすぐに反論したりして、自分の非を認めたがらない人もたくさんいます。

また名誉を回復しようと思って「この時期は誰もが忙しいので仕方ない面もあり」などと余計な言い訳をしてしまい、かえって炎上事件に発展する事例も少なくありません。

ミスの原因を明らかにしたり、トラブルが発生した経緯を説明したりすることも必要ですが、謝罪で最も大切なのは、最初に潔く相手に謝ることです。

仮に自分には何の落ち度もなかったとしても、まずは心を込めて謝り、相手の怒りを鎮める必要があります。そこから冷静な話し合いがはじまるのです。

自分に責任がない場合は謝る必要はないと考える人もいますが、自分と関わりのある人によって相手が不快な思いをしているのなら、そのことへのお詫びからはじめるべきです。

プラスα

クレーム処理でもお詫びからはじめるのが鉄則

クレーム処理の場合、特に「安易に謝ることで非を認めたことになる」と考える人も少なくないでしょう。しかし、相手は何らかの理由があって怒っているのですから、まずすべきは相手を不快にさせてしまったことに対する誠心誠意の謝罪です。誤解しがちなことではありますが、謝ったからといって全責任を負うと確約するわけではありません。まずは相手の気持ちを汲むことからはじめましょう。

お詫びの言葉のあとで事実関係を確認する

昨日買った
PCがもう
調子が悪いん
だけど
申し訳ありません
恐れ入りますが教えてください
❶ 具体的にどんな不具合が出ていますか?
❷ 修理と交換の、どちらをお望みでしょうか?
❸ 前にお使いのＰＣはどちらのメーカーのもので、いつご購入されましたか?
PC

❶ 事実を確認する

相手の気持ちに配慮しながら、いつ＝日時、どこで＝場所、何が・誰が＝対象、どのくらい＝程度、どうしたか＝結果・現状など、事実関係を具体的に確認する。こちらから質問するときは「恐れ入りますが」「差し支えなければ」といった言葉をつけ加えると表現をやわらげることができる。

❷ 相手の目的を明確にする

どんな対処をしたら納得してもらえるのか、相手の話を謙虚な姿勢で聞きながら、不満の本当の原因は何かを探っていく。

❸ 相手の情報を集める

企業間のトラブルやクレーム処理などの場合は、話の中身やようすから、謝罪相手がどんな人なのかを推測する。相手の情報を集めることで適切な説明や対応が見えてくる。

08

尊大で横柄な態度

謝っているのに、なぜか偉そう――。そんな謝罪会見を観たことがある人も多いのではないでしょうか。謝罪の際に、尊大な態度や横柄な姿勢は絶対にNG。大切なのは謙虚さです。

偉そうな態度で謝罪する人の心理

何で俺みたいな偉い立場の人間が頭を下げなくちゃならないんだ!
謝罪なんかしたら沽券《こけん》にかかわる!
別に自分の責任じゃない!
面子が丸つぶれだ!
こんなヤツに謝るなんて悔しい!

個人のプライドや面子を捨てられず、謝れない人は、企業の社長など、地位がある人に少なくない。

守るべきものは面子やプライドではない

政治家や企業のトップが行う謝罪会見は、心から謝っているようにはみえないことが少なくありません。

彼らに共通しているのは「何で自分が頭を下げなくちゃならないんだ」「俺の責任じゃない」といった不本意な思い。

自分は偉い、仕事ができる。そういうおごりがあると、どうしても偉そうな態度になってしまい、相手に不快感を与え、謝罪しても非難の対象になります。プライドの高い人ほ

何だか謝られている気がしない……

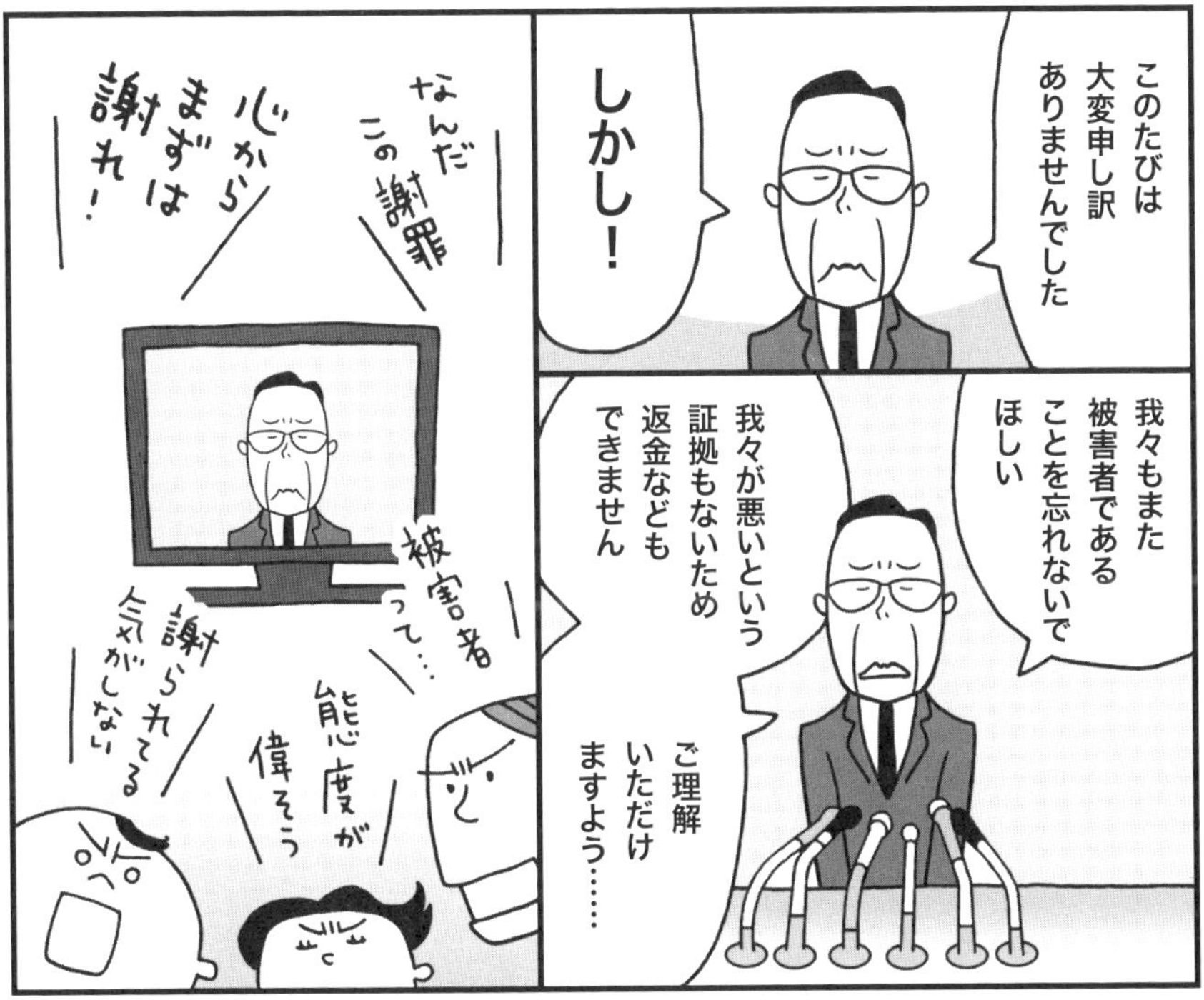

もってまわった言い回しや、尊大な態度では、謝罪の意は伝わらない。素直に謝れるかどうかで人間性が問われる。

ど、素直になれない傾向が強いので注意が必要です。

謝罪することで面子《メンツ》がつぶれるなどということはありません。逆に形だけの謝罪のほうが損をするのです。謝罪するときには常に謙虚な姿勢で臨みましょう。

プラスα

強気な態度で被害者を装ったことが裏目に

2014年、日本マクドナルドホールディングスのサラ・カサノバ社長は異物混入トラブルについて謝罪。「不安を与え心配をおかけした」と頭を下げたものの「マックはだまされた」と訴え強気な態度で被害者を装ったため、消費者からは責任転嫁と受け取られ非難を浴びました。お詫びの気持ちが感じられない謝罪には不信感しか残りません。くれぐれも注意しましょう。

09

黙り込む

お詫びの言葉を述べたあと、何もいわずに黙り込んでしまうのもＮＧな謝罪のひとつです。黙っていても何も解決しません。謝罪に必要なのは、相手が納得できる十分な説明です。

言い訳や弁解ではなく相手のために説明する

失言を恐れるあまり、あるいは頭が真っ白になって「申し訳ございません」と頭を下げたあと、何もいうことができずに黙り込んでしまう人がいますが、黙っていても相手はイライラするだけです。

言い訳は潔くない、黙って頭を下げれば誠意は伝わると考えているのなら、それは大きな勘違いです。

言い訳と説明は違います。

謝罪される側がまず聞きたいのは、お詫びの言葉。次はその対処の仕方です。

ミスやトラブルをどのように解決してくれるのか、どんな償《つぐな》いをしてくれるのか。具体的な対策の説明が、誠意を示すことになるのです。

黙って頭を下げているだけでは、相手の怒りを鎮めることも、問題を解決することもできません。

自己弁護のための言い訳は相手の怒りを増幅させるだけですが、原因や対策の説明は相手のために必要不可欠なもの。

謝罪の気持ちとは、言葉を尽くして態度で示すことによって、はじめて相手に通じるのです。

プラスα

「言い訳」と「説明」の違いを認識する

説明が不十分な謝罪では相手は納得できません。かといって、長々と話せばいいというわけではありません。必要なのは、状況や事態の説明です。説明は相手のためにするものですが、言い訳は自分のためにするもの。このふたつの違いをきちんと認識し、相手を怒らせてしまった、不快な目に遭わせてしまった、その原因は何か、今後自分はどんな対応をするのか、再発防止策はあるのかなどを、きちんと説明しましょう。

謝罪で黙り込んでしまうふたつの理由

❶失言するのが怖い

謝罪はミスやトラブルの原因を説明し、解決策や善後策を話すべき機会です。「口は災いのもと」という言葉がありますが、黙っていても時間が解決するなどということはありません。

❷何も考えていない

謝罪にはそれ相応の準備が必要です。出たとこ勝負で謝っても相手は不信感を募らせるだけ。話の構成から想定される質問まで、事前にシミュレーションしておく必要があります。

10 気持ちがこもっていない

謝罪で重要なのは、お詫びの言葉や対応策を話すことだけではありません。好印象を与えることも大切な要素。謝っても許してもらえない人は、相手に与える印象に問題があるのです。

気持ちがこもっていない謝罪例

❶ マニュアルを暗記しただけ

このたびは
大変申し訳
ありません
非常に反省
しております
皆さまにおかれ
ましては…
カンペ

どこかで聞いたような定番のフレーズばかりを並べて本人の意思が感じられない。

❷ 不遜な態度

今度のことは
たいっへん
残念に
思います

お詫びの言葉とは裏腹に、自分は悪くないといわんばかりのふてぶてしい態度。

言葉では嘘をつけるが態度は嘘をつけない

謝っているようにはみえない、誠意が感じられない。相手にそう感じさせる謝罪に共通しているのは、気持ちがこもっていないということです。

マニュアルを丸暗記しただけのうわべだけの言葉、口では謝っていても反省しているようにみえない不遜《ふそん》な態度やニヤついた表情、逆に丁寧すぎて慇懃《いんぎん》無礼《ぶれい》な印象を与える言葉遣いや、ただただお詫びの言葉を繰り返すだけの謝罪や、極端に下手《したて》に出る卑屈な態度……。このような気自分の言葉で話していない、言葉や態度、表情が伴っていない、ただ怯えている……。
このような謝罪では、相手のイライラは募るだけ。前向きに、解決する姿勢を示そう。

❸ ニヤついた表情

言葉遣いは丁寧だが、口元がニヤニヤしていて反省の意思が感じられない。

❹ 同じ言葉を連呼

「済みません」「済みません」と口癖のように繰り返し、逆に神経を逆撫でする。

❺ 卑屈な態度

「謝ればいいんですよね?」「どうせダメ人間ですから」といった卑屈な態度。

プラスα

謙虚さと慇懃無礼は紙一重

謙虚な姿勢は大切ですが、あまりにも丁寧すぎると、かえって嫌みになり誠意が感じられなくなったりします。また表面上の態度は礼儀正しくても、実は尊大で相手を見下しているように感じられるケースも。

このように、言葉や態度が丁寧すぎて、逆に気持ちがこもっていないようにみえる例は少なくありません。慇懃無礼な態度は相手の悪感情を刺激するので、注意が必要です。

持ちがこもっていない謝罪は、相手を不快にさせるだけです。

仮に実際にはそうでなくても、心から反省しているようにみせることも謝罪に必要なテクニック。相手からどうみえるかを考えることも重要なのです。

第3章

ピンチをチャンスに変える謝罪の秘けつ

ミスをしてしまった、相手の怒りを買ってしまった……謝罪が必要なのは、たいていこんな場面。つまり、たったいま、ピンチの局面にあるわけです。しかし、正しく謝ることさえできればより絆を強固にしたり、さらなる信頼を得ることにつながったりと、新たなチャンスを手にすることもできます。そのために必要な謝罪スキルをご紹介します。

01

余計なことをいわない

せっかく相手が許してくれそうだったのに、口がすべって余計なひと言を発したために謝罪が台無し、などということも……。謝罪では、誤解を生みそうな表現は厳禁です。

失言によってますます問題が悪化することも

謝罪したのに、さらに問題が大きくなってしまった……。そんな事例に共通する多くの要因は余計なひと言、つまり「失言」です。

不用意なひと言が相手の怒りを買ってしまう。事情説明が言い訳や自己弁護に聞こえてしまい、反省していないと判断されてしまう。謝罪が成功したと勘違いして、つい余計なひと言を発してしまう……。

このように、失言にはさまざまなケースがありますが、なかには自分の意思とは無関係に誤解されてしまうこともあります。

たとえば「談合は必要悪だという人がいますが、そうは思いません」といったはずが、「談合は必要悪です」といったと受け取られてしまった事例が実際にありました。

インターネット社会では言葉の一部分だけが抜き取られ、伝言ゲームのようにひとり歩きすることも日常茶飯事です。

ネガティブな表現や誤解を生みやすい言葉はできるだけ避け、誰にでも真意が伝わるシンプルで明快な言い方を心掛けましょう。

プラスα

まわりの視線を意識して言葉を選ぶ

現代は、政治家や会社の経営者などではない一般人でも、インターネットを使えば誰もが手軽に情報発信できる時代です。トラブルを引き起こさないためには、たとえ一般人であっても、自分の言動には十分注意をして、周囲の目を意識することが大切です。特に、インターネットの向こう側にいる世間の人々の感情や受け止め方にも意識して気を配ることが、近年の謝罪では非常に重要になってきています。

失言を防ぐための注意事項

■ ネガティブな表現は使わない

謝罪相手に限らずだが、誹謗中傷などは人として慎むべき。ネガティブな表現を口にすると、自分自身の印象も悪くする。

■ 差別的な表現をしない

身体・国籍・社会的地位などに関する差別的な表現は厳禁。差別的な発言に対する社会の反発は年々強くなってきている。

■ 批判は慎重に

謝罪会見では理由を述べたうえで批判を展開しても、理由はカットされて批判だけ報道されることも。たとえ正当な批判であっても要注意。

■ 知ったかぶりをしない

知らないのに知っているフリをするのは非常に危険。その場はしのげてもあとで痛い目に遭う。知らないことは知らないと正直に告げるべき。

■ 軽口に要注意

謝罪相手が身近な人の場合、許してもらうとつい軽口を叩きがちだが、それが新たな火種になることも。謝罪の場で油断は大敵。

02

相手の話を聞く

言い訳や反論は差し控えて、まずは相手の言い分をじっくり聞くことが謝罪の鉄則です。相手の本当の気持ちを理解し、望みを把握することが必要だからです。

相手の心のなかにあるのは怒りだけとは限らない

謝罪する相手の心には、怒りだけでなく、悲しみやショック、不安や疑いなど、さまざまな感情が隠されています。

相手の本当の気持ちを理解することで、はじめて満足してもらえる対応が成立するのです。

カッとなって感情的な反応をしたり、「それは違います！」と反論したり、相手の話をさえぎって言い訳したりするなんてもってのほか。

謝罪で重要なのは自分の言い分を伝えることではなく、相手を理解することなのです。

相手の気持ちを理解する方法はただひとつ。じっくり話を聞くこと。これに尽きます。場合によっては、不満をきちんと受け止めてくれたことに満足して、話を聞いただけで問題が解決することもあります。

ただし、ただ漫然と聞いていては相手に伝わりません。相づちを打つ、共感してうなずく、メモを取るなど、話を聞いていることを相手に理解してもらうことが大切です。

相手の話を聞く姿勢こそが謝罪成功の秘けつなのです。

プラスα

いいたいことは話を聞き終わったあとに

謝罪で相手の話をさえぎることは厳禁。聞き終わる前に反論や言い訳をするのはきちんと話を聞いていない証拠です。お互いに感情的になってしまったら問題解決は遠のくばかり。質問がある場合でも、相手の話を最後まで聞いてからにしましょう。

話を聞いている姿勢をみせるには？

■ 共感してうなずく

無表情で聞いているだけでは何を考えているのかわからないので、一言ひと言にうなずく。人間は自分の話を聞き、気持ちを理解してくれた相手には好感を抱きやすくなる。

■ 相づちを打つ

黙って聞いているだけでなく、「はい」「わかります」「そうですよね」など、相手の発言を認めるような相づちを打つ。話を聞いていることが伝わり、相手も話しやすくなる。

■ 相手の話を繰り返す

「ひと言相談してくれれば……」「相談すればよかったんですよね」――相手の話の一部分を繰り返すことで、聞いている姿勢を明確にする。

■ メモを取る

謝罪において事実の確認は重要。ミスやトラブルが起こった経緯や原因を明確にし、相手の話を正確に理解することが解決策につながり、傾聴している姿勢のアピールにもなる。

03 相手の本心を探る

謝罪の場で言い訳や弁解をするのはNGですが、ただ黙っている、聞いているだけでは誠意が伝わらないこともあります。適宜質問して問題解決への積極的な意思を示しましょう。

質問のポイント

送付した茶碗のセットが割れているという苦情に対して

❶ 事実を確認する

いつ？（日時）／どこで？（場所）／何が・誰が？（対象）／どのくらい？（程度）／どうしたか？（結果・現状）

何個割れていたのか、どんなふうに割れていたのかなど、具体的な事実を確認して原因を探る。質問をするときには「恐れ入りますが」「差し支えなければ」などの言葉をつけ加えて、表現をやわらげる工夫も有効だ。

❷ 相手の目的を明確にする

どうしてほしいのか？（目的）

ただ謝ってほしいのか、今後気をつけてほしいのか、新しい茶碗のセットを送ってほしいのか。どう対処したら正解なのかは、相手の目的にもよる。過ちのリカバリーではなく、謝罪の姿勢や関係性の改善を望んでいるケースも多い。

❸ 相手の情報を集める

どういう人なのか（調査）

苦情やクレームの場合は、お客さまがどんな人なのか推測できる情報を集めることも大切。理詰めで解決していくのが好きなのか、まずは感情的なケアを求めているのか。相手を知ることでより適切な対応ができ、謝罪の成功率が上がる。

聞くだけ聞いたら質問を開始する

適切なタイミングを見計らって相手に質問するのも、謝罪の際に必要なテクニック。問題解決のためには、ミスやトラブルの原因を追究することも重要です。いつ・どこで・どんなことが起きたのか、認識の違うポイントはないかなど、事実確認に努めましょう。また、相手の本当の気持ちを探るために、話題を広げるような質問を投げかけることも大切です。

ミスをして相手に迷惑をかけてしまった場合、相手が怒っているのは

質問をしながら情報を集める

相手は怒っているのか、落ち着きを失っているのか、困っているのか。
問題解決のための情報は、質問を重ねることで積極的に集めよう。

実際に起こった問題よりも、自分が軽んじられた、大切にされていないといった感情面に起因することが少なくありません。こちらから質問することで、相手が怒っている本当の理由を探って理解するように努めましょう。

プラスα

相手の感情もケアすることが真の解決

ただ黙って相手の話を聞いているだけだと「私の話に興味ないんだ」「軽んじられているのではないか」などと誤解されることがあります。謝罪する立場というピンチをチャンスに変えるためには、対応を間違わないことはもちろん、相手の感情にきちんと配慮する必要があります。基本は、相手の存在を尊重すること。そのうえで、感情もケアしてお互いの関係を修復することが大切です。

04

見た目も重要

服装、態度、表情、仕草《しぐさ》など、謝罪の成否には「見た目」の印象も大きく影響します。相手に悪印象を与えないように注意し、きちんとした立ち振る舞いを心掛けましょう。

印象の5割以上は見た目で決まる

米国の心理学者、アルバート・メラビアンが提唱した「メラビアンの法則」によると、相手に与える印象のうち話の内容はわずか1割弱で、5割以上は見た目で決まるといわれています。

謝罪においても、見た目は重要です。男性はスーツなどのきちんとした服装が必須で、ネクタイも落ち着いた色にすべき。女性は相手に不快感を与えないヘアスタイルや化粧を心掛けましょう。

また、表情や姿勢、話し方、そして話を聞いているときの態度も相手の感情に大きく影響します。

腕や足を組んだり、貧乏ゆすりをしたりすると、相手を不快にさせ、悪印象を与えてしまうので注意。いくら言葉では謝っていても、態度が伴っていなければ、お詫びしているようにはみえません。お辞儀の前後には相手の目をみて、深々と頭を下げてお詫びの言葉を述べましょう。

きちんとした身だしなみや立ち振る舞いも大切な誠意の表し方です。真面目で常識的な印象のものがよいでしょう。

プラスα

相手の目をみないのも、みつめすぎもNG

謝罪は神妙な顔で行うべきですが、深刻すぎる怖い表情や何を考えているのかわからない無表情も不快な印象を与えます。相手の目をみないのも、みつめすぎるのもNG。アイコンタクトは適切なタイミングを見計らって行いましょう。

謝罪における見た目のチェックポイント

■ 姿勢

だらしなく立つ、ポケットに手を入れる、腕や足を組む、握りこぶしを机に置く、貧乏ゆすりをする、舌打ちをするなどは、すべてNG。背すじを伸ばして、手は自然と脇に下ろすか、前で軽く組むようにする。

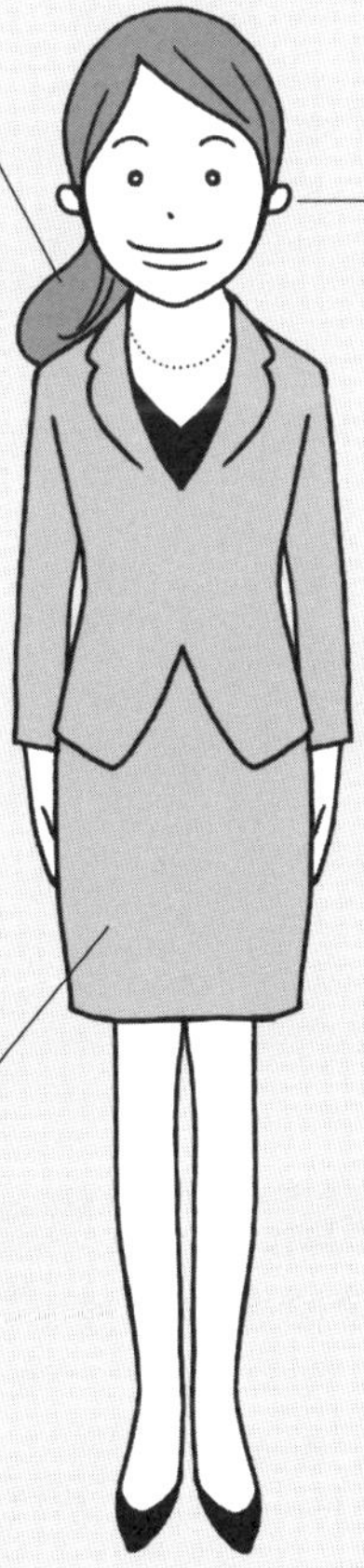

■ 表情

ヘラヘラ笑ったり、キョロキョロと目を泳がせたりするのはNG。相手の顔をじっとみつめ続けるのは敵意と誤解されることも。神妙な表情でときどき目をみつめるようにする。

■ 服装

相手よりもカジュアルな服装や派手な色柄のスーツ、ネクタイやシャツ、目立つ貴金属や、きつい匂いの香水はNG。落ち着いた色の、相手を不快にさせない服装が最も無難。

ペコペコと何度も頭を下げるのはNG。お辞儀はお腹にグッと力を入れて、深く一度頭を下げる。

05

スピード対応を心掛ける

謝罪が必要な事態になったら、素早い対応が必要です。しかし焦りは禁物。解決を急ぐと丁寧な対応ができません。スピード解決とスピード対応の違いを認識しましょう。

たとえ時間はかかっても相手が納得できる解決を

ミスやトラブルで他人に迷惑をかけたときは迅速に対応すべきです。謝罪が遅くなればなるほど相手の怒りは増し、世間の非難も高まります。対応が遅れたために炎上事件に発展した事例も少なくありません。

苦情やクレームも、お客さまが貴重な時間を割いて伝えてくださる大切な意見です。スピーディな対応は誠意を示すことにもつながります。

ただし「迅速な対応」と「迅速な解決」はイコールではありません。素早い対応は誠意ある態度といえますが、焦って結論を出そうとすると粗雑な応対になりがちだからです。解決を急ぐあまり相手の話をじっくり聞かなかったり、事実確認が疎かになったりしたら、問題解決はかえって遠のいてしまいます。

その場しのぎのいい加減な対応では、火に油を注ぐことにもなりかねません。

たとえ時間はかかっても、相手が本当に納得する解決策を導きだすことが大切なのです。

スピード解決よりスピード対応を目指しましょう。

プラスα

解決に時間がかかるときは途中経過を報告

問題解決には腰を据えて取り組むべきですが、返答を待たせすぎると相手は放置されていると感じてイライラします。問題解決に時間がかかる場合は頻繁に途中経過を報告しましょう。こまめに気を配ることも相手に対する誠意です。

問題解決に焦りは禁物

■ 急いで結論を出そうとすると……

早急に解決しようとしてヒアリングが不十分なまま結論を出すと、事実誤認などの問題が発生する。相手が悪質なクレーマーの場合には不利益をこうむるケースも。「早く問題解決してスッキリしたい!」などと焦らず腰をすえて取り組むべき。

■ 対応を誤って相手の怒りが増大

解決を焦ると雑な対応になりやすく、問題解決がさらに遠のくという悪循環に陥る。解決を急かしてパニックに陥らせることで要求を通そうとする悪質なクレーマーもいる。個人の判断で早急に結論を出すのではなく、組織全体で問題解決に取り組むことも必要。

06

先手必勝!! と心得る

同じミスが原因でも、激しく叱責される人と笑って許される人がいます。この違いは何か。ひと言でいえば謝り上手かどうか。つまり、タイミングが命なのです。

準備と対応はできる限り素早くが鉄則

病気は早期発見・早期治療が大切だといいますが、謝罪も一緒です。「ごめんなさい」とひと言お詫びすれば済む些細なことでも、謝るべきタイミングを逃してしまうと、時間が経《た》てば経つほど謝りにくくなってしまいます。結局お詫びの言葉を述べずに終わってしまうことにもなりかねません。

すると相手の心には「この人には悪いことをしたという意識がない」「ミスをしても謝らない人」という不信感が芽生え、少しずつ不満が鬱《うっ》積《せき》していった挙句、いずれ激しい怒りとなって大爆発します。

クレーム対応も最初が肝心です。事前準備と初期対応、このふたつは欠かせません。

事前準備とは、謝罪に必要な知識やスキルを身につけておくこと。初期対応で重要なのは、できるだけ早くお詫びすること。

謝罪の言葉を忘れたり、後回しにしたりしたことで、大騒動に発展するケースも多々あります。

謝罪は先手必勝。早く謝ったほうが得という意識をもちましょう。

プラスα

「まずい!」と思ったら先に謝って怒気をそぐ

上司と衝突しそうになったり恋人と揉《も》めそうになったりしたときなども、先手必勝で謝ったほうが得策です。人間関係をこじらせても何もいいことはありません。相手の怒気をそぐ意味でも、まずいと思ったときは早く謝ってしまいましょう。

なぜ先に謝ったほうが得なのか？

すぐに謝ることのメリット

- **相手の怒気をそぐ**
  怒ろうと思った人もそのタイミングを失う
- **相手も謝りやすくなる**
  お互いに問題があった場合、こちらから先に謝ることで相手も謝りやすくなる
- **信頼と評価を得られる**
  ミスを認めて謝罪できる人として信用される
- **怒りの火種が残らない**
  すぐに解決することで問題がいま以上に大きくならない

すぐに謝らないことのデメリット

- **相手の怒りが増す**
  なかなか謝らないことで相手はさらにイライラする
- **相手も意固地になる**
  「そっちが謝らないならこっちも許さない」と互いに意地の張り合いになり、人間関係が悪化
- **信用を失い、評価も下がる**
  自分のミスを認められず、謝ることのできない人という認識をされ、社会人としての信用を失う
- **怒りの火種がくすぶる**
  謝罪すべき案件をそのままにしておくと、怒りの火種がくすぶり、さらなる大爆発に発展することも

07
いうべきことはいう

潔く謝ることは大切ですが、やってもいないことを認めたり、悪質なクレーマーの理不尽な要求までのんだりする必要はありません。いうべきことはきちんと主張しましょう。

謝罪の場は自分の正当性を証明する機会でもある

過ちを犯したときは、間違いは間違いとして認めて潔く謝る。

これが謝罪の基本ですが、そのうえで主張すべきことがあるのなら、きちんと主張すべきです。

謝罪の場は、自分の正当性を証明する機会でもあります。

相手が怒っている理由が明らかな誤解の場合には、不快な思いをさせたことを詫びてから、誤解である理由をきちんと説明しましょう。

理不尽な要求や、ひまつぶしのために苦情を申し立てるような悪質なクレーマーに対しては、毅然《きぜん》とした態度で、できないことはできないと断るべきなのです。

また、注意を繰り返しても度を越した要求をしてくる場合には、警告文を出すなどの対処も必要になってくるでしょう。

ただし、何の根拠もなく自分が正しいと主張しても、相手は耳を傾けてくれません。

自分の正当性を主張する場合には、資料を提出したり、第三者の証言を用意したりするなど、客観的な事実を証明するべきでしょう。

プラスα

クレーム処理は対処法を用意しておく

近年、悪質なクレームが増えています。正当な理由のあるクレームとは別の対応をはかる必要があります。というのも、あまりに悪質な場合、対応を誤ると、顧客を失ったり、会社や商品の評判を落としたりといった、負の連鎖を引き起こしかねないからです。

理不尽な要求だと感じても、いい加減に対処しては火に油を注いでしまいかねません。あらかじめ対応の仕方を考えておきましょう。

悪質なクレーマーへの対処の仕方

■ まずはお礼の言葉を述べる

「貴重なご意見をありがとうございます。お客さまのおっしゃったことは、一同、肝に銘じます」

■ 相手の苦情が誤解によるものだったら……

「ご不快な思いをさせてしまったとしたら、どうかお許しください。ただ誠に申し上げにくいのですが、それはお客さまの誤解でございます。私どもは……」

「お客さまに精神的な苦痛を与えてしまっているとしたら、大変心苦しく思います。ですが、お客さまだけを特別扱いさせていただくことはできないのです」

■ 屁理屈や誘導尋問で交渉を有利にしようとしてきたら……

「お客さま、誠に残念ですが、それは私どもにはできかねます」

■ くぎを刺しても要求を続けてきたら……

「申し訳ありませんが、これ以上続くようですと、ほかのお客さまのご迷惑になりますので、しかるべき対応を取らなくてはなりません。ですから、どうかご容赦くださいませんでしょうか」

■ 謝罪や感謝の言葉で締めくくる

「至らない点が多くて、誠に申し訳ございません。これからも温かく見守っていただきたいと思います。お問い合わせいただきまして、ありがとうございました」

08 経緯は正確に

謝罪交渉が泥沼化するのは「いった」「いわない」の言い争い。謝罪を首尾よく進めるには、話し合いの内容を正確に記録して不毛な揉めごとに発展するのを防ぎましょう。

お互いに悪気はなくても記憶には誤解が生じるもの

謝罪は交渉の場でもあります。相手の要望をしっかり受け止めるためにも、自分の正当性を主張するためにも、ミスやトラブルの経緯を正確に記録して「いった」「いわない」で揉めることを防ぎましょう。

お互いに悪気はなくても、時間が経つと、いったことを忘れたり、勘違いして覚えていたりします。「そんなことはいってない」「そんな話は聞いてない」などと言い争いに発展すると、交渉は泥沼に陥ります。そういった事態を避けるためには、相手の苦情やクレームの内容、要望、起こった事実、こちらが話した内容などを正確に記録しておく必要があります。

最初のコンタクトで相手からの要望をきちんと細かく聞き取ることができれば、次の対策もスムーズです。会社に持ち帰って上司に報告したり、組織全体で対応策を検討したりする場合にも、情報を共有しやすくなります。

クレーム報告書などを用意して、できる限り詳しい記録を書き残しましょう。

プラスα

クレームからの逆転勝利！

クレームは、実は貴重な改善情報です。たしかに、一見不当と思われるクレームも少なくありません。しかし、考え方次第では、そこから積極的に改善のためのヒントを汲み取ることも可能なのです。貴重な改善情報であると捉えて対応することにより、謝罪によって相手に好印象を与えることができるうえ、問題が解決することで、クレームを受ける側もメリットを得ることができます。まさに、一石二鳥の対応になるかもしれません。

クレーム報告書を書く

○○○○年○○月○○日

クレーム報告書

○○部○○課
○○○○

発生日時	
発生先	
対象商品	

クレームの内容
クレームの原因
今回の対応
今後の対策
備考

クレームをのちに生かすためにも、できるだけ細かく書き留めておこう。
上司や同僚への報告の際にも活用できる。

09

常識のズレを考慮する

人の価値観は千差万別。自分にとっては常識であっても、相手にとっても常識であるとは限りません。そんなギャップをきちんと認識することも謝罪の重要なポイントになります。

非常識なあなたが悪い そんな態度は絶対NG

謝罪をする際は、自分の常識だけで判断しないことも重要です。

自分では常識だと思っていることが、ほかの人にとってもそうとは限りません。

自分の会社や業界、同じ世代にとっては当たり前のことでも、それ以外の人には非常識だと判断されることもあるのです。

たとえ無意識であっても「こんなことは常識。それを知らないあなたが悪い」という感情があると、それが話し方や態度ににじみ出てしまい、相手の怒りを買うことになります。

近年、盛んに使われるようになった「コンプライアンス」という言葉にも注意が必要です。

直訳すると「法令遵守」ですが、謝罪の場合は法令を守っているという理由だけでは世間から非難されるケースもあります。

法令に限らず、業界のルールや習慣、一般的な常識やマナー、あるいは世間の感覚や価値観などは、捉え方も人それぞれです。ズレがあることも斟酌《しんしゃく》して、謝罪の言葉や解決策を考える必要があります。

プラスα

「現実」は視点で変わる

常識と同じように「現実」も、視点次第で変わります。一例をあげると、原発推進派にとっては、新規制基準を満たす原発は安全です。

ところが反対派にとっては、どんな基準を当てはめても、原発はあくまで危険なのです。安全性という「現実」は、このように、視点次第で180度変わります。ここに謝罪が絡んだ場合、まずは自分の視点をきちんと説明しないと、正しく「現実」を共有することはできません。

常識の異なる相手への対応例

❶ 相手の話を聞く

まずは相手の話をじっくり最後まで聞く。相手の常識が明らかに一般的な価値観とズレている場合でも、正面から間違いを指摘してしまうと言い争いになることも。途中で反論したり、相手の話をさえぎったりしないように注意しよう。

❷ 常識のズレがあったら……

「誠に申し上げにくいのですが……」など、相手に恥をかかせないひと言を添えてから自分の考えを述べる。たとえ非常識な相手でも「知っていて当然！」という態度ではなく、本人が自分の勘違いに気づくような伝え方をする。

❸ 謝罪と感謝の言葉で締めくくる

「説明が行き届かず、ご迷惑をおかけして申し訳ございません」など、こちらの説明不足や相手を不快にさせてしまったことへのお詫びの言葉と、自分の至らない点を指摘してくれたことへの感謝の言葉を添えてから、話を締めくくる。

10 派手なパフォーマンスは慎む

いざとなったら土下座したり頭を丸めたりすることで許してもらえる――そう考えているのならご用心。派手なパフォーマンスに対する世間の見方は年々厳しくなっています。

大げさな振る舞いはパフォーマンスでしかない

心からの反省を示す究極の謝罪方法といえば「土下座」です。

怒り心頭に発している相手に対しては、たしかにそれくらいのことをする覚悟が必要かもしれません。

ただし土下座は、政治家や不祥事を起こした企業のトップの謝罪報道などで目にすることもあり、派手で屈辱的な割にその効果は年々下がってきています。

また「頭を丸める」という行為にしても同様です。女性アイドルが恋愛スキャンダルを報じられた際に、ファンや関係者へのお詫びとして丸刈りにした頭をインターネットで公開したことがありました。

しかし世間の評判は賛否両論でした。いじめや体罰を連想させる行為を容認した事務所には非難が集まり、報道を打ち消すためのパフォーマンスという見方もなされました。土下座や丸刈りですべて許されるという安易な発想は危険です。「ここまでしたんだから何もいわせない」という開き直りとも取られかねません。誠意ある謝罪を尽くしたうえでの最後の手段と考えるべきでしょう。

プラスα

相手から理不尽な要求をされた場合は?

「土下座しろ」「頭を丸めろ」「クビにしろ」は悪質なクレーマーの常套句《じょうとうく》。これらの強要は基本的人権を脅かす違法行為ですから、従う必要はありません。こうした暴言には、違法であることを相手に伝え、断固とした態度で断りましょう。

「誠意を見せろ!」といわれたら

誠意の解釈は人によってさまざま。損害賠償と捉える人もいれば、土下座と考える人もいる。しかし苦情やクレームの場合、通常の対応は「原状回復」が基本。交換・修理・返金などの解決策を提示すればよい。土下座の強要や金銭の要求は脅迫行為に当たる。

コーヒーをこぼして服を汚してしまった

→クリーニング代の支払いを申し出る

商品が壊れているといわれた

→商品の交換、あるいは修理を申し出る

接客態度の悪さを指摘された

→謝罪し、従業員教育の見直しを伝える

注意❶ いきなり金銭での解決を持ち出すのはNG

事態の収拾を焦るあまり、すぐにお金で解決しようともちかけるのは危険な行為。適切な金額以上になってしまう可能性が高いうえに、「金がほしくて怒っているのではない!」と相手の感情を逆撫ですることもある。

注意❷ 土下座は話し合いを拒む脅しになることも

話し合いでの解決を望む相手に土下座をするのは、コミュニケーションを拒絶する圧力になることもある。また、衆人環視のもとでの土下座は、相手への脅しや見せしめなどにも受け取られる可能性がある。

11

一度で済むとは考えない

謝罪したのに関係が回復せず、相手は怒ったまま……。そんなケースに多くみられる原因は「謝ったら許してくれるのが当然」といった甘い認識です。

受け入れるかどうかは謝られる側が決めること

謝れば許してもらえる。一度謝罪すれば万事解決。そんな認識の人は、改める必要があります。

謝罪は一度で済むとは限りません。むしろ一度で済むケースは稀《まれ》と考えたほうがいいでしょう。

謝る側は一度謝罪すればスッキリするかもしれませんが、謝る側と謝られる側には感情に温度差があります。謝られる側は怒ったり、悲しんだり、傷ついたりしているのです。そう簡単に、許してくれるとは、考えないほうがいいでしょう。

お詫びしたことで反省の意思は伝わっても、相手がそれを受け入れるには時間がかかります。

「こんなに謝ったのになんで許してくれないんだ？　心が狭すぎる！」

謝る側はそんなふうに考えがちですが、「許す・許さない」を決めるのは謝られる側なのです。

そこを誤解していると、さらに人間関係がこじれたり、大問題に発展したりします。

相手の感情を思いやり、許してもらえるまで何度でも謝る。謝罪にはそんな覚悟が必要なのです。

プラスα

クレーマーに対してはあえて謝罪を分割

謝罪に焦りは禁物です。特に、悪質でしつこいクレーマーに対しては、謝罪の機会をあえて何度かに分割するのも、問題解決のテクニックです。最初の接触では謝りつつも質問を重ね、情報収集に努めて具体的な解決策は保留しましょう。そのときに得た情報を一度持ち帰れば、上司や弁護士など、第三者に相談することができ、理論武装した対応をすることもできます。

基本的なステップを踏んだうえで数回謝罪を

謝罪の基本的なステップ

① お詫びの言葉を述べる
② 相手の話を聞く
③ 事実を確認する
④ 解決策を提示する

↓ それでも解決しない場合は……

相手の感情をケアしながら何度でも謝る

きちんと対応しても納得してもらえず、理不尽な要求をされるのであれば、相手が悪質なクレーマーの可能性も考えられる。この場合、挑発に乗らず、丁寧かつ毅然とした態度で要求に屈しないようにしよう。

第4章

相手に応じた謝り方

適切な謝り方は、相手によって異なります。友人、家族、職場、取引先など、立場や関係性次第で注意すべき点も違ってきます。この章では、ケーススタディを通して、相手に応じた謝罪の仕方を学びましょう。相手別の大切なポイントを認識し、ケースバイケースの最適解を見極めるヒントにしてください。

01

友人・恋人への謝罪

友人や恋人への謝罪で最も大切なのは、相手の感情を思いやること。血縁も利害関係もないからこそ、デリケートな配慮が必要です。待ち合わせの遅刻を例に考えてみましょう。

電車が遅延。そのとき携帯は……

相手が聞きたいのは理由ではなく謝罪

映画を観る約束をしていたが、待ち合わせに遅刻してしまった。そんなときに大切なのは、相手を気遣うひと言です。

寝坊した、携帯電話の充電が切れていて連絡できなかった、電車が遅れたなど、遅刻の理由はいろいろあるでしょう。

しかし、それらの理由を並べ立てたところで、相手には言い訳にしか聞こえません。相手はあなたが遅れて来たことそのものよりも、自分と

謝るときは、親しくても態度を改めて

○OKな例

本当に悪いと思っていること、そして自分も楽しみにしていた旨を伝えたうえで、遅刻の理由を述べよう。相手を気遣うひと言を添えれば完璧。

×NGな例

へらへらした態度で謝られても、気持ちの収めようがない。まずは「本当に悪いと思っている」ことを、誠心誠意伝えるべき。

の約束を軽んじていることに腹を立てているはずだからです。

まずは待たせてしまったことを素直に謝り、相手の感情を思いやるひと言を忘れないようにしましょう。相手が聞きたいのは、遅刻の理由ではありません。謝罪と、約束を大切に思っている気持ちなのです。

プラスα

些細な理由で大切な関係が壊れることも

友人や恋人は、近しい関係だからこそ、逆に注意が必要です。わざわざ謝らなくてもわかってくれると期待してしまいがちですが、「親しき仲にも礼儀あり」という言葉のとおりです。

誠実さに欠ける対応は、あなたの人間性に疑問を抱かせますし、関係の破綻にもつながりかねません。照れくさい気持ちは捨てて、率直に謝り、相手の気持ちをケアすることが大切です。

02

家族への謝罪

わかってくれているはずと、ついついおざなりにしてしまいがちな家族への謝罪ですが、それではいけません。できれば日頃の感謝の言葉を添えて、きちんとお詫びしましょう。

急な休日出勤を命じられたけれど、その日は……

そうか 次の約束は 来週の月曜日 だったな
休みのところ 悪いけど 明日あさってで 資料を整えて くれないか
あ、代休は 取ってくれよ
はい
まずいなー 約束していた 家族旅行……
パパー
あなた
旅館の キャンセル料も 取られちゃうな

家族を大切にしていることをきちんと伝える

次の休日は家族と遊園地に行く約束をしていたのに、急に仕事が入ってしまった――このような場合、自分には非がないと考えがちですが、会社の悪口を言い連ねても家族は納得してくれません。事情はどうであれ、家族が楽しみにしていた約束を破ってしまったのだから、素直に謝るべきなのです。

家族より仕事、家族よりも友人を優先し続けてはもちろんいけません。仕事であれば仕方のないときも

自分には非がないという考え方は捨てる

○OKな例

謝るついでに感謝を伝える。どうせいいにくいことなら、一度に済ませてしまおう。これでますます家族の絆が深まるはず。

×NGな例

一緒になって会社に文句をいってほしくても、それでは解決しない。自分は悪くないと思っても、まずはお詫びの言葉を口にして。

あるかもしれませんが、家族は予定がつぶれたことに加えてあなたが仕事を優先したということを悲しんでいる部分もあるのです。

予定が変更になったことをきちんと謝ったら、自分も家族ですごす時間を大切に思い、楽しみにしていたことをきちんと伝えましょう。

プラスα

改めて言葉にする機会のない感謝の気持ちをあえて伝える

家族は、いつも一緒にいるだけに素直にお詫びしにくい相手です。そして、誰もが最も感謝していながら最も感謝の気持ちを伝えられていない相手でもあります。

一つひとつは些細なことでも、謝らない習慣ができてしまうと、大きなひずみに発展することも。ふだんは口にできない感謝の言葉も、謝罪と共に伝えましょう。

03

上司への謝罪

上司への謝罪は人事評価にも影響する重要な局面です。自分のミスではない場合でも、言い訳やふてくされた態度は厳禁。自分の対応力をアピールする機会と捉えましょう。

上司の指示によって、取引先とトラブルが……!

3000個発注してくれ
はい
1000個以上のご注文は1週間前のご依頼でないと難しいのですが
困ります!金曜日には入らないと!
こちらもそれを使用して3000個納めないと……
ちゃんと手順踏んでくださいよいままでずっとそうしてきたでしょ!

素直に反省の意を示し自分に対する評価を上げる

上司の指示に従った結果、取引先とトラブルが発生してしまった――たとえそのような自分に非がない場合でも「課長にいわれたとおりにやったのですが……」と上司のせいにしたり、反抗的な態度を取ったりするのはよくありません。

上司に謝罪する際に大切なのは、反省の意思を示すことと素直さ。どんな理由があるにせよ、まずは取引先とトラブルを起こしてしまったことを率直に謝り、今後の改善策を提

謝罪する場合、相手を立てることが必要

○ OKな例

まずは自分のミスとして謝罪する。上司の指導を自分がのみ込めていない、誤解した、と伝えれば、上司も構えない。

× NGな例

いくら本当のことでも「いうとおりにやったら先方を怒らせた」はNG。「私が悪いというのか!」と、かえって怒らせることも。

案して反省の意思を示します。

責任逃れや言い訳をしては、上司の心証を悪くするだけで何のメリットもありません。

謝るのはおっくうだという気持ちもわかりますが、むしろ自分が前向きに成長している姿をアピールできる機会だと、肯定的に捉えましょう。

プラスα

上司のタイプ別に謝り方を工夫する

上司にはさまざまなタイプがいます。データ重視の上司には、詳しいデータを記した経緯報告書をみせたり、人間関係重視の上司には関係者を気遣うひと言を添えたり、とその上司が気にするポイントを先回りしてフォローすることも必要。謝罪のテクニックを使いましょう。

相手に応じた謝罪の仕方は、社会人に必要な重要スキルです。

04

部下への謝罪

部下への謝罪は、リーダーシップやマネジメント能力が問われる場面。プライドが邪魔をして過ちをごまかすのか、素直に謝るのかで、あなたの評価は変わります。

自分の指示のミスで部下が取引先とトラブルに!

自分のミスを認められるか否かで上司としての評価が決まる

自分のミスによって部下が取引先とトラブルを起こしてしまった——そんな場合に大切なのは、自分のミスを潔く認めること。

部下に謝るなんて自分のプライドが許さない、面子が丸つぶれだ、そんな考え方は間違っています。

きちんと謝らなければ部下からの不信感はさらに募り、人間的な信用までも失います。

組織における上司の最も重要な役割は、責任を取ることです。それを

立場が下のものに対して、自分のミスを認められるか？

○ OKな例

自分の非を認めるところは認め、部下の責任は自分がかぶる。これができるのが本当の上司だ。立場を自覚すれば自ずとできるはず。

× NGな例

自分のミスを認めたくないあまりに、相手になすりつける。こんな上司に、部下が信頼してついていくことはあり得ない。

放棄しては上司の資格はありません。マネジメント能力の欠如と判断されることも考えられます。

たとえ自分のミスでなくても、自分の部下の行動だから全責任を取る。よい上司に求められるのは、そんな姿勢なのです。

プラスα

立場にかかわらず謝罪は公平に

大切な顧客や権力者にはへつらっても部下には厳しく当たる――これは人間の性《さが》かもしれません。しかし、それでは部下は納得しないうえに、あなたの上司としての評価にもかかわります。米国の多くの企業では、上司が部下を評価すると共に、部下が上司を評価するシステムも取り入れています。謝罪であれ叱責であれ、相手の地位や立場に関係なく、公平に行うことが、あなたの評価を高めます。いまやそんな時代なのです。

05

同僚への謝罪

上司や部下と比較すると、同僚への謝罪は心理的な負担が少ないといえますが、だからこそ注意すべきことも。どんな相手への謝罪であっても疎《おろそ》かにしてはいけません。

自分のミスで、同僚に迷惑をかけてしまった……！

このあいだ
ダウンロードを
お願いしておいた
先方の資料
共有ファイルに
入れてくれる？
あ、ごめん
忘れてた!!
ヤベッ
期限切れだ
どうしよう
……
まずいなー
あれがないと
先に進めないいん
だけど……

謝罪を終えたあとの「失言」に注意！

自分のミスによって職場の同僚を怒らせてしまった――このような場合、注意しなければならないのは「失言」です。最も危ないのは、素直に謝ったそのあと、気が緩んだとき。

相手が謝罪を受け入れて許してくれた場合、ほっとしたぶん同僚であるという関係の気安さから、ついつい言い訳めいた軽口や、責任逃れをするような本音をこぼしてしまいがちなのです。

同僚は笑って聞いてくれるかもし

「悪いのは自分」と潔く認める

○ OKな例

同僚がいってくれた言葉に乗っからず、あくまで悪いのは自分だと捉えて、謝罪を貫き通す潔い姿勢が大切だ。

× NGな例

ほっとして思わず軽口を叩いてしまうと「こんなヤツだったのか」と人間性を疑われることにも。謝るときはふざけないこと。

れませんが、心のなかでは「本当は自分のミスを認めてないんだな」「謝罪の言葉はうわべだけか。こいつは信用できないな」と、新たな怒りをたぎらせているかもしれません。謝ればそれですべて終了というわけではありません。「ひと言多い」とならないよう注意しましょう。

プラスα

共通の敵をつくるな! あくまで自分の非を認めて

軽口を叩くのと同じくらい罪深いのは、罪から逃れたいあまりに、共通の敵をつくってしまうこと。たとえば同僚であるなら、上司や部下のせいにする、といったことなどです。この行為も、「責任逃れをするヤツ」「嘘をついてでも謝りたくないヤツ」といった評価につながりかねません。自分のミスは自分にひきつけて、謝るところは謝り、反省するところは反省すべきです。

06

取引先への謝罪

取引先との関係は、家族や友人、職場の人間関係とは根本的に異なります。それは、たった一度のミスでも関係性が失われるかもしれない点。最も重要なポイントは「関係の修復」です。

自分のミスで取引先からクレームが……!?

このたびは私のミスで大変なご迷惑をおかけして申し訳ございませんでした
二度とこのようなことが起こらないよう注意してまいります
ふかぶか…
それで今後のことだけど……

ふだんは聞けない本音や不満を探るチャンス

　自分のミスによってトラブルが発生し、取引先からクレームを受けてしまった――このようなケースで特に重要なのは、取引先との関係を修復する改善策を明確な形で提案することです。

　トラブル自体の解決も当然必要ですが、取引先はあなた以上に今後のことについて不安を抱いているはずです。「このまま取引を続けても大丈夫なのだろうか?」「本当に信用できる会社なのだろうか?」、そん

謝り方によっては今後の関係性が風前の灯に

○OKな例

その場限りの謝罪ではもったいない。謝罪の機会に日ごろの不満や不安を聞き出せば、深い問題解決が狙える。

×NGな例

一刻も早くこの謝罪を終わらせたいと考え、安心してくださいとばかりに「大丈夫です!」を繰り返しても、相手は不安になるばかり。

な不安を払拭することが信頼を回復する重要なカギとなります。

謝罪は、ふだんは聞きにくい不満や相手の本音を知る絶好の機会でもあります。

詳しくヒアリングして改善策を示し、より良好な関係を築く機会にしましょう。

プラスα

謝罪の目標は謝ったあとにあり!

謝罪とは、謝ることだけがすべてではありません。「雨降って地固まる」という言葉があるように、揉めごとのあとはかえってよい結果を生んだり、安定した状態を築けたりするものです。

ただ感情をなだめて関係を修復するだけでなく、謝罪のプロセスを通して、より深い信頼を築くことを目標にしましょう。

07 お客さまへの謝罪

お客さまへの謝罪は、身近な人たちへの謝罪とは異なります。それは、自分も相手も、お互いのことをよく知らないという点。だからこそ非常に重要なポイントがあるのです。

お客さまから商品にクレームを受けた……！

お客さまの話に耳を傾け相手のことを少しでも知る

お客さまへの謝罪にはさまざまなケースがあり、適切な対応もケースや相手によって異なります。ただし、どんな場合であっても共通して大切なのは、相手の話を聞くことです。

家族や友人、職場や取引先など、知っている人に対しての謝罪であれば、相手のタイプに合わせた謝り方が可能です。

しかし、お客さまの場合は、相手がどんな人なのかわかりません。こ

まずはお客さまが何に怒っているのかを判断する

○OKな例

相手の文句はひと通りのみ込んだうえで、さらに詳しい話を聞いてみよう。その過程で、お客さまの怒りも鎮火することが多い。

×NGな例

相手の話を頭から否定するのは、最もしてはならないことです。お客さまが満足するまでじっくりと不満を聞く必要があります。

ちらの不手際で迷惑をかけてしまったのか、実は悪質なクレーマーなのかさえも、最初はわかりません。だからこそ話を聞くことが重要なのです。

まずはじっくりと話を聞いて、相手のことを少しでも多く把握するように努めましょう。

プラスα

お客さまの背後にある「世間の目」を意識する

どんな謝罪でもそうですが、お客さまが相手の謝罪は特に、1章から3章にかけて紹介した謝罪の基本的なプロセスをしっかり守ってください。というのも、お客さまの背後には、世間の目があるからです。不適切な対応をしてしまうと、世間に公表される可能性もあります。ステレオタイプは安心を生みます。基本に則って丁寧に謝ることが大切です。

08

世間に対する謝罪

謝罪のなかでも最もハードルが高い行為は、やはり世間に対する謝罪でしょう。ネット炎上などの二次クレームも想定して徹底的な対策を施すことが必要です。

自社の商品の欠陥が指摘され、記者会見を開くことに

このたびは多くのお客さまや関係者の皆さまに多大なご迷惑をおかけして
誠に申し訳ありませんでした！
バシャ
バシャ
バシャ
プレス席
そもそもこのような欠陥は何パーセントかの割合で発生しうると事前に想定できたのではないですか

逆ピラミッドの話し方で誤解されない伝え方を！

自社の商品の欠陥が指摘され謝罪会見を開くことになってしまった。そんな場合に重要なのは、誤解されない話し方をすることです。

メディアのインタビューでは、誘導尋問や引っかけを狙った意地悪な質問が次々に浴びせられます。

誘導に乗ってひと言でも失言を犯してしまえば、その部分だけが拡大解釈されて報道され、炎上に発展しかねません。

記者会見では最も重要なことを最

言葉尻を捉えられないよう細心の注意を払って

○ OKな例

否定するところは否定し、主張すべきところは主張する。記者会見の場合、謝罪をしたあとは主張したいことから話しはじめよう。

× NGな例

批判を一度受け入れ、認めてしまったうえに、迂遠《うえん》な話し方をすると、誤解されたり言葉尻を捉えられたりすることがあるので注意。

初にいう「逆ピラミッド」の話し方（P30〜31）が有効です。瑣末《さまつ》なことから話しはじめると、相手がイライラしたり、話に飽きたりする恐れがあるうえ、相手の望む方向に意図的に誤解される可能性があるからです。誤解される隙を与えないよう、まずは最初に結論から述べましょう。

プラスα

メディアトレーニングは企業には必要な訓練

謝罪会見には事前の準備が必須です。誤解されない話し方や炎上しない話し方はすぐに習得できるものではありません。記者から出そうな質問をリストアップした想定問答集をつくり、マスコミ対応のための話し方を訓練しましょう。メディアトレーニングといって、謝罪会見の演習として多くの企業が実施しています。

第5章

謝罪の手段を使い分ける

どんな方法で謝るか――面と向かって口頭で、電話で、メール、SNS、記者会見などその手段は多様化しています。日常生活における失敗、ビジネスにおけるミスやトラブルなど、過ちのレベルや種類、謝罪すべき相手によって、適切な手段を選びたいものです。場面にあった使い方や、それぞれの注意点を知っておきましょう。

01

直接会って謝罪する

ビジネスであってもプライベートであっても、謝罪の基本は直接会って謝ること。相手から拒絶されることもありますが、直接会って謝る姿勢を示すことが誠意の証となります。

直接会って謝罪するときの基本

❶ まずは連絡し面会を申し込む

第一報は肉声が鉄則。相手に拒否された場合でも、メールや手紙を送って「直接会ってお詫びさせてください」「勝手なお願いで申し訳ございません。5分でも10分でもいいので、お時間をいただけませんでしょうか？」と直接会って謝る意思があることを示す。

❷ 先方に出向いて謝る

相手を不快にさせないスーツなどの服装で、先方を訪れる。上司を同伴したり、手土産や詫び状を持参したり、相手の感情や状況に応じた配慮も必要。最初にはっきりと感情をこめた謝罪の言葉を述べ、相手の話にもきちんと耳を傾ける。嘘や言い訳、芝居がかった言動などはしないように注意。

❸ お礼のメールや手紙を送る

謝罪を受け入れてもらえた場合には、お礼のメールや手紙を送って感謝の気持ちを示す。受け入れてもらえなかった場合は、再度手紙を送るなどして、もう一度謝罪の機会を与えてもらえるようにお願いする。

面と向かえば相手の感情や怒りの度合いも判断できる

最も誠意が伝わる謝罪方法は、相手に会って謝ること。怒っている相手と対面するのは誰もが避けたいところですが、謝罪の意思がダイレクトに伝わります。

相手の顔色・語気・言葉のニュアンスなどを通して怒りの度合いを直《じか》に感じることができ、感情や言い分も理解しやすくなるからです。

ビジネスにおける謝罪なら、上司や担当者と一緒に出向くとなおいいでしょう。他人のせいにせず、嘘を

直接謝るために……

電話で先触れをし、実際に顔を合わせて謝り、最後、礼状を送るのが基本。

つかず、素直に非を認めて頭を下げるのがいちばんです。

ただし、アポイントメントは必ず取ること。ひと言もなくいきなり会いに行くのは、相手の迷惑になる場合もあります。そもそも面会して謝罪する事態なのかどうかも、判断する必要があります。

プラスα

拒否された場合でも直接謝りたい意思を示す

強引に会いに行くのはNGですが、謝りに来てくれたという事実が、謝罪を受ける側の頑《かたく》なな心を溶かすこともあります。おっくうだな、と思っても、電話をかけて、先にひと言「申し訳ありません」と伝えることで、そのあとの謝罪がスムーズに進むケースもあります。面会を拒否された場合は、名刺を入れた手紙を渡し、面会して謝罪する意思があることを示しておきましょう。

02 電話で謝罪する

電話はメールや手紙に比べ、感情や言葉の微妙なニュアンスを伝えやすいツールです。すぐに面会が難しい場合には、肉声で謝罪するためにも電話を活用しましょう。

第一報は肉声が鉄則 感情を込めてお詫びする

謝罪で最も大切なのは、お詫びの意思を相手に伝えること。メールなどの文章だけでは、自分の気持ちはなかなか相手に伝わりません。

そのため、謝罪の第一報は、電話がスムーズです。まずは自分の肉声でお詫びの言葉を伝えましょう。

ただし電話はあくまでも「とりあえず」の連絡手段。ミスやトラブルのレベルや相手との関係性にもよりますが、直接会って謝ることができるのであれば、それに越したことはありません。

とはいえ、取り急ぎの謝罪の意を電話で伝えるのであれば、相手への配慮が必須です。「いま、お時間よろしいでしょうか?」と相手の状況を確認することはもちろん、電話をかける時間帯や、携帯電話の電波状態などにも気をつけましょう。

忙しい時間帯や自分の声が聞こえにくい状態で電話をかけると、相手を不快にさせ、さらにイライラを募らせてしまいます。

謝罪内容を整理したメモを用意しておくなど、万全の準備をして臨みましょう。

プラスα

緊張して頭が真っ白にならないように注意

謝罪の際は、誰もが緊張してしどろもどろになりがち。といっても相手は怒っているわけですから、要領を得ない話ではかえってイライラさせてしまいます。メモを用意して簡潔に話すことを心掛け、最初と最後にお詫びの言葉を述べ、お礼の言葉で締めくくりましょう。

電話で謝るときのチェックポイント

☎ 時間帯を考える

朝礼時や昼休み、相手の仕事の忙しい時間、深夜などは避ける。ただし緊急事態の場合、話は別。即座に連絡して対処すべき。

☎ うるさくない状況で電話する

騒々しい場所から電話をすると、自分の言葉が相手に聞こえず、不快な思いをさせてしまう。電話をするときは静かな場所から。

☎ 携帯電話を使うときは電波の状態を確認

携帯電話を使う際は、電波の状態をチェックすることも大切。電波の状態が悪いと、声が聞こえにくく相手がイライラを募らせる。

☎ 最初に「いま、お時間よろしいですか？」

電話をするときには、相手の状況にも配慮すべき。いきなり「実は……」などと、面倒で込み入った話を一方的にはじめないように注意。自己中心的な言動は、相手の怒りを増幅させる。

☎ 話すことをメモしておく

ミスやトラブルにうろたえてしどろもどろにならないように、謝るべき内容の要点をまとめておく。直接謝罪に伺う日時や相手の話をメモするための筆記用具も用意しておく。

☎ 罵倒されても感謝の言葉を述べる

お詫びの言葉を述べることはもちろん、話を聞いてくれたことへの感謝の言葉も忘れてはならない。どんなに文句をいわれても、最後は「ありがとうございました」で締める。

03 メールで謝罪する

現代のコミュニケーションツールはメールが中心になってきましたが、謝罪においては最適な方法とはいえません。メール一本で謝罪が済んだと考えるのは大変危険です。

誠意の伝わる謝罪方法はメール→電話→直接謝る

特にビジネスの場において、謝罪をメールで済ませるのはNG。誠意が伝わりません。

いった・いわないは、トラブルを悪化させるいちばんの要因。メールを送っただけでは相手が気づかなかったり、迷惑メールフォルダに振り分けられたりして、読んでもらえないことも少なくありません。

では、メールが有効なのは、どんな場合でしょう。早朝や深夜など電話をかけにくい時間帯に連絡する必

メールで謝るときのチェックポイント

●件名に【お詫び】……謝罪のメールを送っても、相手に気づかれなかったら意味がない。「【お詫び】商品トラブルの件」といったようにひと目で謝罪メールとわかるような工夫を。その後、直接電話をして相手が読んだかどうかの確認をすることも大切。相手が読んでいない場合には、大問題に発展してしまう可能性もある。

●文面はシンプルに……繰り返し述べてきたように、謝罪で特に重要なポイントは、最初にいちばん大切なこと（お詫びの言葉）を述べ、シンプルに伝えることで誤解を避けること。謝罪の言葉とミスやトラブルの事実の報告、そして「直接会ってお詫びしたい」というお願いを簡潔に記そう。

●なるべく早く送る……問題が発覚し、上司や関係者に謝罪や報告をする必要がある場合は、速やかに事実を確認し、できるだけ早くメールを送る。謝罪が遅くなればなるほど、解決が困難になると考えたほうがよい。

●時間帯も考慮する……早朝や深夜にメールを送る場合には、「こんな時間に申し訳ございません」とひと言添えることを忘れてはならない。電話連絡が可能な時間なら「○時頃、お電話させていただいてもよろしいでしょうか？」と相手の都合を確認し、了承を得られたらその時間に電話する。

メールは先触れ

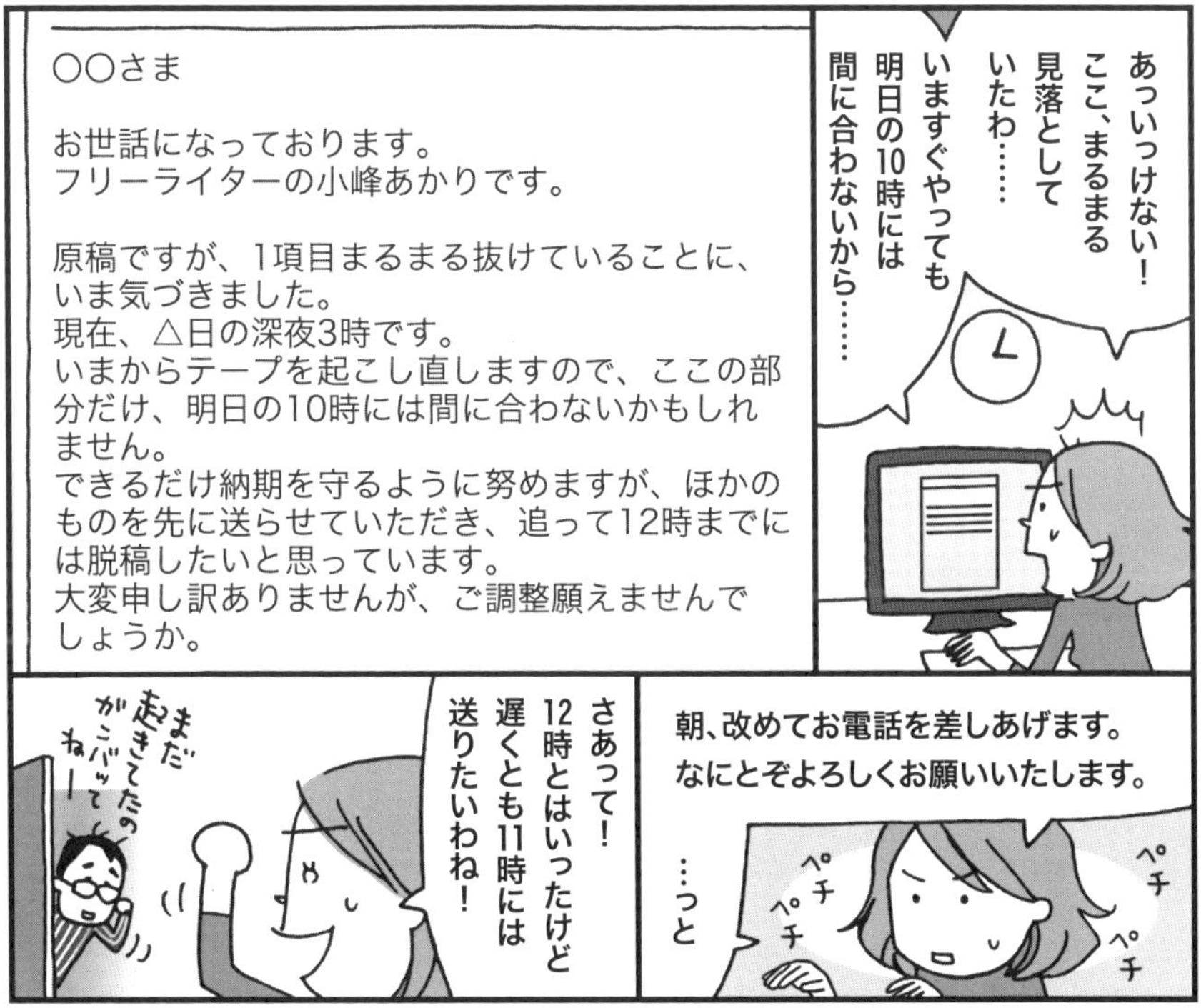

あっいっけない! ここ、まるまる見落としていたわ……
いますぐやっても明日の10時には間に合わないから……
○○さま

お世話になっております。

フリーライターの小峰あかりです。


原稿ですが、1項目まるまる抜けていることに、いま気づきました。

現在、△日の深夜3時です。

いまからテープを起こし直しますので、ここの部分だけ、明日の10時には間に合わないかもしれません。

できるだけ納期を守るように努めますが、ほかのものを先に送らせていただき、追って12時までには脱稿したいと思っています。

大変申し訳ありませんが、ご調整願えませんでしょうか。

朝、改めてお電話を差しあげます。

なにとぞよろしくお願いいたします。

…っと
ペチ ペチ ペチ ペチ
さあって! 12時とはいったけど遅くとも11時には送りたいわね!

まだ起きてたの がんばってねー

直接会うのは難しい深夜や早朝に、経過記録を残しておきたいような事態があった場合は、メールが非常に役に立つ。

要がある場合や、話だけでは伝わりにくい複雑な状況の場合がそれに当たります。この場合、まずはメールでお詫びし「のちほど改めてお電話させていただきます」と伝えます。メールで一報入れたあとは、電話で連絡し、直接会って改めてお詫びしましょう。

プラスα

お詫びの連絡メールはシンプルな文章に

謝罪する際は特に、簡潔な文を心掛けることが重要です。あまりに長いメールは読む気がしなくなり、冗長な文章はそれだけでストレスとなることがあります。また、要領を得ない内容は誤解の原因にもなり得るのです。

メールでは、まずはお詫びの言葉や経緯などの報告をシンプルにまとめましょう。今後の対処法や、さらに詳しい経緯などの細かい話は、直接会ってすればいいのです。

04

LINEで謝罪する

LINE（ライン）は幅広い世代に普及している無料の、便利なコミュニケーションツールです。どのような謝罪に適しているか、考えてみましょう。

基本的に謝罪には不向き 仕事に関する謝罪はNG

LINEはリアルな会話感覚が売りのコミュニケーションアプリです。短い文字メッセージのやりとりが中心です。

トーク機能を使って謝ることは可能ですが、謝罪には適していないと考えたほうがよいでしょう。

なぜなら長文に適したアプリではなく、短文では謝罪に最も必要な誠意が伝わりにくいからです。

ビジネス上のミスやトラブル、交通事故などの深刻な事態の場合には避けたほうが無難です。

家族や友人など気心の知れた相手に、「ごめんなさい」とひと言謝れば許してもらえるような単純なミスならともかく、多くの説明を必要とする謝罪には向いていません。

職場の上司とLINEでつながっていたとしても、業務に関する謝罪は電話やメールでするべき。

直接お詫びする前の連絡手段として「至急ご連絡したいことがあります。今から電話してもいいですか？」などと相手の状況を確認し、約束を取り付けるためのツールとして使うくらいに止《とど》めましょう。

プラスα

楽しいスタンプで相手の感情も和《なご》む？

LINEはスタンプという機能を使って画像を貼りつけることができます。友人や恋人ならユニークな画像を送って相手の感情を和ませることができるかもしれませんが、仕事や深刻な謝罪の場合はNG。相手と状況を考えて判断しましょう。

謝罪におけるLINEの適切な使い方

即時性に優れているというLINEの特徴を生かし、混んだ車内など通話しにくいところで、謝罪に先がけて一報を入れておくのが正解。

05

手紙で謝罪する

メールやSNSの普及によって手紙を書く機会は激減しましたが、手書きの手紙は相手に誠意が伝わりやすい、謝罪に適した手段です。その特性を改めて見直してみましょう。

時間と手間をかけることが相手に対する誠意となる

直接会って謝罪したくても会うことを拒絶されてしまう。電話にも出てくれない。メールを送っても返信がない……。そんなときに効力を発揮するのが手紙による謝罪です。たとえ同じ文章であってもメールと手紙では、受け取る側に与える印象がかなり異なります。

簡単にコピー&ペーストができ、クリックひとつで送信できるメールと違って、手紙を書くのは時間がかかるからです。

わざわざ封筒に入れ、切手を貼り、投函しに行くなど、郵送ひとつとってもこれだけの手間がかかるのです。この「時間も手間もかけている」ということが、相手に対する「誠意」となり得ます。

手書きの文字には書いた人の人間性や気持ちが表れやすいという特性もあります。上手な字でなくても、丁寧に書かれた文字からは、その人の心情や誠実さが伝わってきます。

だからこそ、お詫びに適した手段なのです。謝罪で大切なのは気持ちを伝えること。お詫びや謝罪後のお礼には手紙を活用しましょう。

プラスα

謝罪マニュアルの丸写しでは意味がない

手紙は謝罪に適したツールですが、内容がどこかのマニュアルの丸写しでは意味がありません。

『手紙の書き方』『謝罪の仕方』といった実用書も数多く出版されており、そのぶん、型にはまった無味乾燥な文面になりがちであるともいえます。定型の謝罪文だけでなく、自分ならではの言葉を加えましょう。ほかの誰でもない、その人だけに向けられた言葉が誠意となって、相手の心を動かすのです。

たどたどしい文章でもかまいません。自分の頭で考えて下書きをし、気持ちを込めて清書しましょう。

手紙による謝罪のチェックポイント

■ 手書きがベスト

文書作成ソフトでつくった手紙のプリントアウトでは、効力も半減。宛名も文章も手書きが望ましい。字は上手でなくてもいいが、丁寧に書くことが重要。誤字脱字にも注意。

■ 文章は長すぎず、短すぎず

謝罪文である以上、シンプルにまとめることが大切。「拝啓～」といった長々しい挨拶は必要ない。ただし文章が短すぎると心情を伝えられない。便箋２～３枚にまとめよう。

■ 自分ならではの心情を込める

謝罪マニュアルの定型文を抜き出した文面では、相手は何も感じない。「本気で謝っている」「自分のために一生懸命書いてくれた」ということが伝わってこそ、相手の心に許しの感情が芽生える。ほんの数行でも、気持ちを込めた自分ならではの言葉を書こう。

■ 冷静に読み返す

事態を早く収拾したいと焦って手紙を書くと、言い訳が多くなったり、趣旨のわからない文章になったりしてしまいがち。書いた文章をひと晩寝かせてから読み返す、上司に確認してもらうなど、冷静な目でチェックすることが大切。

06

ブログで謝罪する

芸能人やスポーツ選手が謝罪をするときにはよく自分のブログを利用しています。一方、一般人の謝罪の場合にはどうでしょうか。その有効性について考えてみましょう。

有名人でもない限り謝罪には適さない

ＬＩＮＥやツイッター、フェイスブックなどのＳＮＳは、友人やフォロワーといった限定的な人たち向けのコミュニケーションツールですが、ブログは誰もが自由に読めるウェブサイトです。※

文字数も制限がなく、長文を書くことも可能です。

芸能人やスポーツ選手のなかには、自分のブログに、ファンや世間に対する謝罪の言葉を述べる人もたくさんいます。

しかし、ブログは一般的には謝罪に適したツールとはいえません。なぜなら謝罪の対象者が自分のブログを読むとは限らないからです。

また、匿名（ハンドルネーム）でブログを書いている場合には、謝罪している当人を特定できないこともあります。

有名人でもない限り、ブログ上での謝罪が有効なのは、ブログの内容に関する場合だけと考えたほうがいいでしょう。

その場合も、ほかの謝罪と同じように、潔く過ちを認め、言い訳はせず、簡潔にまとめましょう。

プラスα

匿名ブログであっても内容には注意すべし

ブログに日記や記事を書いている人は、内容にも注意が必要です。たとえ匿名のブログであっても、何を書いてもいいということにはなりません。裏サイトなどもありますが、たいていは陰湿で、気持ちのいいものではありません。

ましてや、謝罪しなければならない相手の悪口や不満、グチを発信するのは非常に危険。

もしもバレたら大変な事態になる可能性がありますし、読まされるほうが不愉快な気分になります。ネット上の失言にも十分注意しましょう。

※閲覧制限が可能なサービスもあります。

「ブログによる謝罪」に潜むスレ違い

07 ツイッターで謝罪する

ツイッターは〝つぶやき〟と呼ばれる短文の投稿ができる人気SNS。有名人のなかには謝罪に利用している人もいますが、一般的な謝罪にも活用できるのでしょうか？

ツイッターによる謝罪の注意点

■ 謝罪相手が読むとは限らない

投稿文を読む可能性があるのは、基本的にはフォロワーのみ。謝罪相手がフォロワーでもタイムラインをチェックしていなければ見過ごされてしまう確率が高い。

■ 投稿は140字以内

文字数の制限があるため、お詫びの言葉・ミスやトラブルの経緯・今後の対策など、謝罪に必要な事柄をすべてつぶやくのは難しい。

■ 一部分だけが引用される可能性あり

連続して投稿を行えば長い文章も書けるが、文章の一部分だけが拡散されひとり歩きすることも多い。掲示板やニュースサイトなどに転載され、大炎上に発展する可能性も。

■ 削除してもネットから消すのは困難

掲示板やニュースサイトに転載されてしまうと、もとの投稿を削除してもネット上から完全に消去するのは極めて困難。炎上するとアカウントを閉じるしかなくなる場合も多い。

謝罪を投稿しても読まれない可能性大

ツイッターは日本国内の月間アクティブユーザー数3500万人を誇る短文投稿サイト（2016年2月発表）。

非常に影響力がありますが、謝罪に適したツールとはいえません。なぜなら140字以内という文字数制限があるため、謝罪文を書くのには不向きだからです。

またフォロワー以外にはメッセージが伝わりにくく、謝罪相手がフォロワーであっても、相手がタイムラ

ツイッターでの謝罪が失敗しがちな理由

手軽で便利なツールであるだけに、責任逃れと捉えられかねない。
気持ちが伝わりやすいツールとはいえないであろう。

インをチェックしているときに投稿しなければ読んでもらえない可能性が大。さらに、新しい投稿をすると過去の投稿は発見されにくくなってしまいます。

ツイッターも、有名人でもない限り、謝罪には適さないと考えたほうがよさそうです。

プラスα

ツイッターによる謝罪文の注意点

ツイッターの特徴はつぶやき。つまり、ひとり言のような短い文章で、さまざまな事象に対する感想を一方的に「つぶやく」のに適したSNSです。言い換えると、議論や謝罪には適していません。画像や動画の添付があれば別でしょうが、情報の提供手段としても限界があります。どうしてもネット上で謝罪するなら、文字数の制限がなく、よりオープンなブログやホームページを通して行いましょう。

08

記者会見で謝罪する

最後に、記者会見について考えてみましょう。公の場で謝罪をするというのは、効果的であるぶん、失敗も許されません。非常にセンシティブな対応が必要になります。

広く一般に謝罪したいとき

社長！弊社の商品で気分を悪くされたお客さまからクレームの電話がありました！
ドリアン納豆あめ
何っ 詳しく話を聞けるかっ
ハイッ！
キミは情報を集めてくれ！
キミは記者会見の準備を！
マスコミにかぎつけられる前に記者会見を打とう！
ハイッ！

公人として、広く一般に向けて謝罪しなければならないときは、謝罪会見が必要となる。

準備を怠らずに徹底的に対策を練るべき

謝罪会見は、公人として謝罪しなければならず、かつ、不特定多数を相手に釈明しなければならない場合、必要になる特殊なケースです。

政治家やトップ企業の経営者など場慣れしている人であっても、謝罪会見になるとしどろもどろになって失敗し、世間からさらに叩かれる原因になることもあります。

記者会見を成功させるには、第一に素早く実施すること。時期を逸するとそれだけ世論は厳しくなりま

謝罪会見で失敗しないための準備

- ■ 問題が発覚したら、多くのマスコミに報道される前にできるだけ早く謝罪会見を行う
- ■ 予測される質問をあらかじめリストアップ
- ■ 最適な返答を準備して文書化する
- ■ 事前にしっかり目を通して頭のなかに入れる
  ※謝罪会見の壇上には持ち込まない
- ■ 会見では失言に注意して首尾一貫性を保つ
- ■ 関連する問題は洗いざらいその場で発表
- ■ ネガティブな質問をされそうなポイントについては先にコメントして主導権を保つ
- ■「きちんと準備している」「堅実な話し手だ」という印象を与えて記者の猛追を防ぐ

す。次に、準備を怠らないこと。会見で伝えたいメッセージを明確に打ち出す必要があります。最後に、隠しごとは一切なしにすること。往生際が悪いと、それだけで印象を悪くしますし、報道が数カ月鎮火しない場合、計り知れないダメージを受けることにもなりかねません。

プラスα

なぜ謝罪会見の前には訓練が必要なのか?

余裕をもって謝罪会見に登壇できる人など、ひとりもいません。そもそも、謝罪しなければならないような事態が想定外なうえに、眩《まぶ》しいライト、カメラの放列、記者の厳しい質問……。誰もが顔面蒼白でしどろもどろになり、頭が真っ白になるといいます。だからこそ十分な対策と事前の訓練が絶対に必要なのです。社員などを相手に予行演習ができればベストです。

第6章

深刻なトラブルにおける謝罪方法

この章で取り上げるケースは、深刻なトラブルがほとんど。仮に刑事事件にならなくても民事で相手から損害賠償を請求されることがあり得る出来事や、死傷者を出してしまった交通事故、相手の所有物を損壊してしまったミスなどで、いずれもきちんとした謝罪が必要になります。また、いじめ、パワハラ、セクハラなどは、罪を犯すつもりではなくても、相手の出方によっては犯罪となり得る行動です。万が一の事態に備えて、謝罪の方法を学びましょう。

01

他人にケガをさせた!

他人にケガをさせてしまったら……。故意であってもなくても、高額な賠償を命じられるケースが少なくありません。そんなときの謝罪について考えてみましょう。

悪気はなくても被害は甚大!

夜、携帯片手に無灯火で走っていたりすると、責任割合が高くなるケースも。

誠意ある謝罪が基本 保険を活用する手も

まずは交通事故やケンカなどが原因で、自分にも非があって他人にケガを負わせてしまったケースについて考えてみましょう。

通常は相手に対して損害賠償責任《そんがいばいしょうせきにん》が生じます。告訴されると過失傷害《かしつしょうがい》罪《ざい》の刑罰に問われる可能性もあります。有罪なら前科がつきます。

謝罪のポイントは、心から謝ること。ケガの状態を気遣うこと。お見舞いに行くこと。そして、事故の経緯を明らかにすること。そして、賠償の方法

他人にケガを負わせてしまった場合の謝罪のポイント

■ 心から謝る

まずは、自分の非を認めて、心から謝罪をする。怖いからといって逃げたり隠れたりすると、事態は余計に悪くなる。

■ ケガの状態を気遣う

相手のケガの状態について尋ね、労《いたわ》る気持ちを示す。ベッドに寝た状態でも座った状態でも、ラクな姿勢で話を聞いてくれるようににすすめる。

■ お見舞いに行く

時間をつくってお見舞いに足を運ぶ。場合によっては花や果物、菓子折りなどを持参することも検討する。

■ 事故経緯を明確にする

実況見分をするか、示談であっても、ことの経緯をつまびらかにしておく。

■ 賠償の方法を明示する

保険会社を通すのか、示談なのか、告訴されても仕方のない事態なのか。同時に賠償金額についてもすり合わせていく。

を明示することです。

蛇足ですが、個人賠償責任保険に入っておくと自転車事故も含めてさまざまなケガに対応できます。

通常は示談交渉のサービスもついています。誠意ある謝罪が大前提ですが、そのうえで保険や示談サービスを活用すれば早期に解決できる可能性が高くなります。

プラスα

刑事事件の謝罪は弁護士のアドバイスに従う

もしも刑事事件を起こしてしまった場合は、被害者に謝罪文を書くことになるでしょう。被害者とのあいだで示談が成立すれば、減刑の条件になるからです。

謝罪文を書くときには、法律の専門家である弁護士に相談して、そのアドバイスに従うのがいちばんです。

02

損害を与えてしまった！

ビジネスにおける失敗の代表例といえば発注ミスです。自社、取引先ともに、大きな損害を与えてしまうこともあります。謝罪の方法や責任の取り方について考えてみましょう。

ビジネス上の謝罪のポイント

- **自分に非がある場合は潔く謝る**
- **原因を調査分析**
- **現在の対応・その後の経過について報告**
- **今後の対策や再発防止策を明示する**

ビジネス上の不手際で取引先に損害を与えてしまった場合は、迅速な対応が重要。謝罪をする際に上記の４項目をすべて報告できるのが最も望ましいが、できるだけ早く謝ることが先決。「現在原因を調査中です。後日改めて調査結果、ならびに経過報告と今後の対策をご連絡いたします」と伝えてもよい。

潔く自分のミスを認めて再発防止策を明示する

仕事上のミスによる損害について考えてみましょう。

取引先に損害を与えてしまったケースにおける謝罪の重要なポイントは、再発防止策を具体的に示すことです。潔く過ちを認め、なぜミスが起こったのか原因を明らかにしましょう。そのうえで損害賠償の具体的な方法や額を検討します。

一方、従業員が業務で会社に損害を与えた場合、意図的あるいはよっぽど悪質なケースでなければ、賠償

まずは電話で一報を入れる

謝罪の意は一刻も早く電話で伝え、具体的な対応策は実際に会ってから詳しく伝えるのがベター。

責任が生じることはあまりありません。とはいえ、大きな失敗を犯したことに違いはありませんので、汚名を返上するには、相手先と会社に誠実に謝罪し、ミスを繰り返さない再発防止策を講じる必要があります。

プラスα

その後の行動で「反省」と「誠意」を示す

ビジネス上のミスで相手に損害を与えた場合、個人が責任を取るケースはそれほど多くありませんが、その後の行動が仕事人としてのあなたの評価に直結します。

取引先の倒産で売掛金が回収不能になるなど、自分が直接悪くなくても、会社に間接的に被害を与えたケースでは、再発防止策を講じることが大切です。ミスをした当人に賠償責任が生じることはなくても、謝罪と反省は必要です。誠意を示しましょう。

03 火事を起こしてしまった!

火事を起こして近隣の家を延焼させてしまった——。この場合、どんな責任が発生し、どんな賠償責任があり、どんな謝罪をすべきなのでしょうか。万が一の事態に備えておきましょう。

賠償責任は発生しなくても近隣住民への謝罪は必要

明治時代に施行された失火責任法は、現在も有効な民法です。この法律により、失火によって他人の家を延焼させた場合、重大な過失がなければ、失火者に損害賠償責任は発生しません。

注意すべきなのは「重大な過失がなければ」という点です。解釈の違いによりますが、たばこの消し忘れや天ぷら油の加熱しすぎによる出火が「重大な過失」と断じられた判例もあります。

また、賠償責任が発生しないのはあくまで延焼に関してのみであり、借家やアパートの場合は賃貸借契約に基づき、家主に対する損害賠償責任が発生します。

また、いくら賠償責任がなくても、社会通念上、道義上、損害を与えた隣家に対して知らん顔はできません。心からのお詫びとともに、お見舞いなどの名目で相応の金品を渡すことが一般的です。

失火に至った経緯の説明も必要です。消防署や警察によって出火原因の検証が行われるので、ごまかさず、正確に報告します。

プラスα

火事による近隣への被害がなかった場合は?

火事を起こした際は、近隣に実害が及ばなかった場合でも出火の不始末をお詫びすべきです。

自家以外に具体的な被害が生じていなくても、近隣住民の生命や財産に多大な危険を生じさせたことは事実。その点を踏まえて陳謝しましょう。

失火による「重大な過失」の例

「重大な過失」に相当するかどうかは個々のケースによって判断されるが、少し注意すれば事故が起きなかったのに漫然と事態を引き起こしてしまった場合は「重大な過失」と判断されることが多い。深刻なトラブルを引き起こさないためにもふだんから気を引き締めて生活すべき。

Case❶

たばこの吸い殻が完全に消えたことを確認せず、その吸い殻を放置して外出した

Case❷

ガスコンロで天ぷら油の入った鍋を加熱中、その場を離れて出火させた

Case❸

電気ストーブを点火したまま就寝し、ベッドからずり落ちた毛布に引火し火災になった

04 交通事故を起こした！

誰もが加害者になる可能性があり、取り返しのつかない悲劇を生み出す交通事故。自分が運転していた車で、誰かを轢《ひ》いてしまった。いったいどのように対処すればいいのでしょうか？

被害者の気持ちに寄り添って心からお詫びすることが重要

交通事故で生命を損なうなどの重大な損害を与えた場合、損害賠償などの事故処理は、保険会社や弁護士などの専門家に任せるべきです。

業務中に起きた交通事故については、会社の担当者も深く関与します。

あなたがやるべきことは、被害者の気持ちに寄り添った心からのお悔やみ、謝罪、そして直接お見舞いに伺うことです。

加害者が一方的に悪いケースばかりではありませんが、交通事故で揉める原因の多くは被害者の感情の問題。加害者を許せなくて苦しむ人も決して少なくありません。

家族を突然失う、家族が大ケガを負ってしまう……その悔しさや悲しさはどれほどでしょう。誠意ある行動を取らねばなりません。

事故原因や責任の度合いについて話し合うときは、専門家に任せたほうがよいでしょう。

事故のことは当事者である自分がいちばんよくわかっているという気持ちは捨てるべきです。素直に専門家にすべてを任せましょう。それがスムーズな解決への第一歩になります。

プラスα

交通事故を起こした場合、初期対応が肝心

交通事故を起こしたら、救護義務とともに警察への連絡が義務づけられています。警察への報告義務を怠ると保険金の支払いなどが遅れるだけでなく、道路交通法による刑事罰が与えられます。交通事故での謝罪は初期対応が重要です。

交通事故を起こしたときの初期対応

❶ 被害者を救護する

交通事故の加害者には被害者の救護が義務づけられている。そうでなくても、ケガ人の救護は人として最優先に行うべきこと。たとえ目立った外傷がなくても救急車を呼ぶべき。

❷ 警察を呼ぶ

交通事故の加害者には警察への連絡が義務づけられている。損害賠償の手続きを受けるための必須事項である。報告義務違反は犯罪行為であり、連絡を怠ると保険金が支払われないことも。

❸ 自分の身元を教える

被害者に自分の身元を伝える。交通事故の加害者のなかには名前すら教えたがらないものも少なくないが、あとで揉める原因となる。免許証をみせたり名刺を渡したりすべき。

❹ 警察に事情を説明

110番すると、たいていの場合、５分から10分で警察が到着する。自分に明らかな過失がある場合は潔く認めて報告すべき。非がないと思うならその旨をきちんと説明すべき。

05

食中毒を出してしまった!

２０００年に起きた集団食中毒事件で、雪印乳業は、その謝罪方法の拙さで日本中から非難を浴びました。企業が消費者の健康を損ねた場合の謝罪において、特に重要なポイントとは?

謝罪会見では専門用語はできるだけ避ける

謝罪相手が理解できない言葉を使っても、お詫びの意思は伝わらない。謝罪文や謝罪会見といった謝る相手が不特定多数の場合には、業界独自の難解な専門用語を使わず、できるだけわかりやすく言い換えることが必要。

例:医療用語の場合

■エビデンス
言い換え　この治療方法がよいといえる証拠

■誤嚥(ごえん)
言い換え　食物などが気管に入ってしまうこと

■重篤(じゅうとく)
言い換え　症状が非常に重いこと

■生検(せいけん)
言い換え　患部の一部を切り取って、顕微鏡などで調べる検査

■耐性(たいせい)
言い換え　細菌やウイルスが薬に対して抵抗力をもつようになり、薬が効かなくなること

■予後(よご)
言い換え　今後の病状についての医学的な見通し

※参考　国立国語研究所:「病院の言葉」を分かりやすくする提案
http://pj.ninjal.ac.jp/byoin/

調査に最大限協力し速やかな謝罪を行う

食中毒は食品衛生法に基づいて行政処分が行われます。医師が食中毒と判断したら、所轄の保健所が事実関係を調査します。

原因と経路が特定され、食材に原因があれば食材製造業者にも調査が入ります。

飲食店や食品メーカーは、営業停止などの行政処分に加え、お客さまからの損害賠償請求にも応じなければなりません。

大切なのは、保健所の調査に最大

事実をつまびらかにし、誠意ある対応を!

事態が発覚したら、可及的速やかに調査し、事実関係を明らかにしたらすかさず謝罪会見を行うことが肝要。

限の協力をすること。そして可能な限り速やかに、被害者に直接謝罪すべきでしょう。

食中毒の規模が大きい場合は謝罪会見が必要です。迅速かつ適切な対応をすることが被害者に誠意を示す最善の方法。

保健所の記者発表の直後に謝罪会見を開くべきでしょう。

プラスα

食中毒の謝罪文に記載すべきことは?

謝罪文には、被害者や関係者、世間に対するお詫びの文言、保健所の調査結果と原因の報告、再発防止策や処分、賠償の方法などの情報を記しましょう。

謝罪会見を開く際はもちろん、謝罪文の発表だけで済ませる場合でも上記の内容は必要です。誠意をみせるのに必要な材料です。

06

子どもがいじめの加害者に!

いじめは、ときには人の命をうばいかねない深刻な問題です。もしも自分の子どもがいじめの加害者だったら……。親として取るべき行動を考えてみましょう。

当事者だけでなく社会問題として捉える

いじめは深刻な社会問題です。被害者が自ら命を絶ってしまったり、その後の人生に影響するくらい深く心の傷を負ってしまったために二次的な被害を引き起こしたりするなど、波紋が広がりやすいという特徴もあります。

自分の子どもがいじめの加害者である事実が判明したら、被害者に直接謝罪することも、子どもを指導することももちろん大切ですが、そのうえで、学校、教育委員会、行政の人権相談サービス、子どもの人権に関するNPOなどに相談し、社会に問題や提案を投げかけることも必要でしょう。

いじめは当事者だけの問題ではなく、クラス、学校、職場、会社、組織など、社会的な集団が密接にかかわる根の深い問題です。すべてを根絶することはなかなか難しいかもしれませんが、親として子どもと一緒にまずは事態を明白にし、被害者に対して誠実な謝罪を行うことからはじめてみましょう。社会に問うのはそれからでも遅くありませんし、再発を防ぐ意味合いもあります。

プラスα

加害者の家族が社会に問うべき理由とは?

なぜ、いじめが発生すると、社会に問わなければならないのか。家庭で話し合うべきでは……と少々奇異に思う向きもあるかもしれません。しかし、いじめは社会悪だと捉えるべきなのです。いじめが原因とされる事件が起こると、加害者の行動や被害者の状況に目が向けられます。たしかに、現状の把握や分析は大切なことで、解決の糸口になるでしょう。しかし、いじめ発生の根底には経済格差、貧困や将来性の固定化など社会が抱える閉塞感があるとの指摘があります。広い視野でものごとを捉え、対応策を考える必要があります。

自分の子どもがいじめを行っていた場合に親として取るべき行動

❶ 被害者に直接謝罪する

親がいじめの事実を認めず、問題がこじれるケースが多い。子どもが本当にいじめを行っていたら事実を潔く認めてお詫びするべき。

❷ 自分の子どもを指導する

子どものいじめの原因は家庭内の問題に起因するケースが多数。子どもを叱るだけでなく、自分たち自身も含めて家族の問題として考える。

❸ 社会に問う

学校、教育委員会、行政の人権相談サービス、子どもの人権に関するNPO法人などのさまざまな組織にも話をし、最善の方法を探る。

07

不倫がバレた！

不倫や浮気といえば芸能ニュースの定番ですが、一般の人にも起こり得る深刻なトラブルです。家族を裏切ってしまったことについてどう償うべきなのでしょうか。

離婚の意思がないのなら二度としないと謝るしかない

夫婦には「平穏・円満な共同生活を送るという権利」があり、一方が浮気や不倫などをした場合、損害をこうむった配偶者は不貞行為をした配偶者と不倫相手に慰謝料を請求する権利が認められます。

金額の多寡はそれぞれの事情によって異なりますが、離婚をするのであれば、慰謝料を支払うことが謝罪のひとつになります。

しかし離婚は想定外で、配偶者に対して申し訳ないと感じているのなら、二度と繰り返さないと誓って謝るしかありません。そして不倫相手には、その決心に沿って話をつけるべきでしょう。

不倫にはさまざまなケースがあるため一概にはいえませんが、可能であれば夫婦ふたりでしっかり話し合って解決し、不倫相手は巻き込まないようにするべき。

不倫相手に慰謝料を請求したり、訴えたりすると余計に問題がこじれて、夫婦関係を修復することがより困難になります。ひたすら配偶者に謝り、誠意を示し、夫婦内で解決するのが最善の方法でしょう。

プラスα

不倫の謝罪に子どもやほかの人を巻き込まない

落語家の春風亭柳昇のもちネタにこんな言葉があります。「どんなに夫婦ゲンカをやっても私は最後のひと言で必ず妻を黙らせることができる。俺が悪かったと謝るんだ」。

不倫の謝罪にはこれがいちばん。夫婦の問題に子どもやほかの人を巻き込むべきではありません。まずは自分と配偶者だけで問題を解決しましょう。

不倫の場合、原因はさておき、したほうが悪いのは明白です。言い訳をすればするほどこじれるので、潔く謝るに越したことはありません。

不倫が発覚した場合の謝罪のポイント

■ 潔く認める

配偶者との関係を壊したくないのなら、不倫が発覚したときには素直に認めるしかない。下《へ》手《た》にごまかそうとすると、ますます信頼を失い、夫婦関係の修復がより困難になる。

■ 冷静になる

不倫がバレると誰もが動揺して取り乱しがちになるもの。しかし離婚するつもりがないのなら、配偶者と落ち着いて話し合って解決するしかない。冷静になることが大切。

■ 素直に謝る

まずは謝ることが重要。不倫は配偶者への不満からはじまるケースが多いが、いきなりそれを口にすると問題が悪化することは確実。まずは素直にお詫びして謝罪の意思を示そう。

■ 理由を正直に話す

お詫びの言葉を述べたあとで、不倫した理由を正直に話す。配偶者に不満や問題がある場合は、それも素直に話すべき。そのうえで、夫婦で話し合って解決の道を模索しよう。

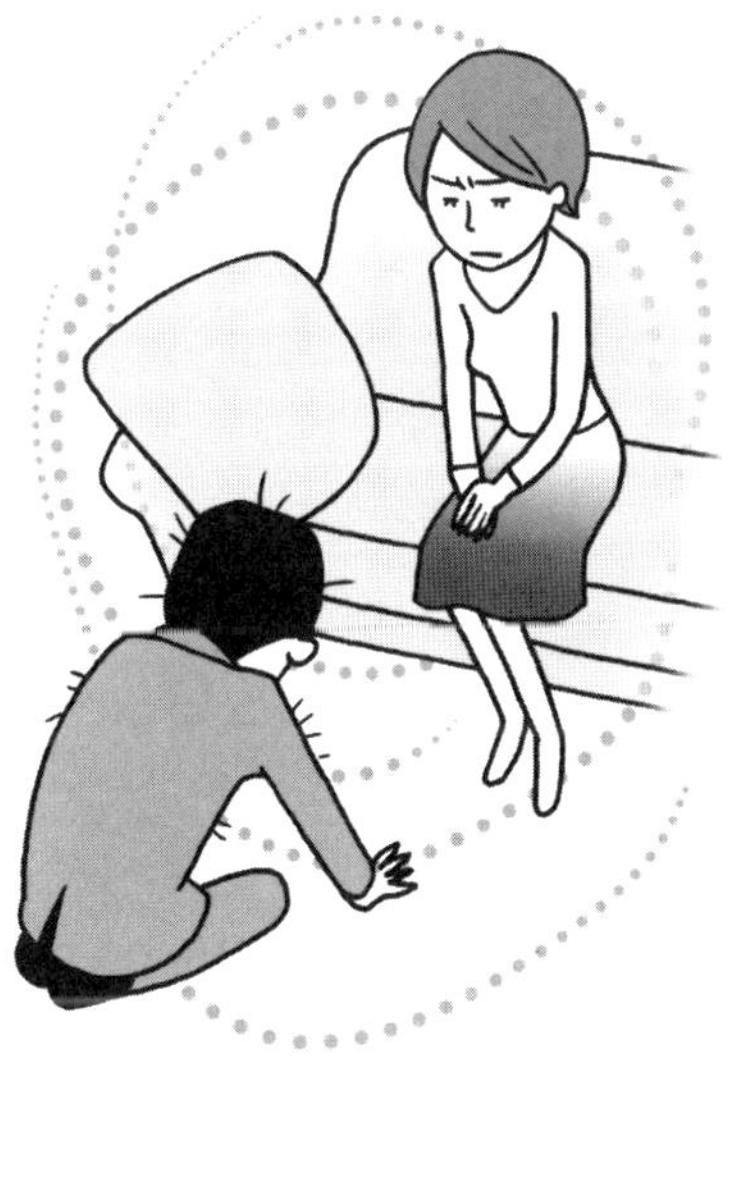

08

失言をしてしまった!

プライベートにおける謝罪は、感情面の解決がすべてになります。自らの失言などで、友人を本気で怒らせてしまった場合の解決方法を考えてみましょう。

性急に解決しようとすると……

どんなに時間をかけてでも相手の怒りが鎮まるのを待つ

相手が本気で怒っていたら、すぐに許しを得るのは困難です。その場合は、まずは素直に謝り、相手の話を聞きましょう。「でも」や「だって」といった言葉は決して使わず、相手の気持ちを真摯《しんし》に受け入れる。重要なのは、相手の怒りが鎮まるのを待つことです。

そして、自分が話す番になったら、ゆっくり、丁寧に話しましょう。感情的になっている相手には早口や大声は禁物。感情を刺激しない、静か

まずは怒りを鎮めることが先決

相手が怒っているときは、自分の話は後回しに。相手の話をすべて聞き、受け入れ、鎮まってから自分の話をするように心がけて。

で落ち着いた話し方を心掛けるべきです。

場合によっては、何カ月も何年も時間がかかるかもしれません。しかし本当に大切な友人なら、そのくらいの覚悟は必要です。焦らずじっくり時間をかけて許してもらえる日を待ちましょう。

プラスα

プライベートとビジネスの謝罪の違い

ビジネスにおける謝罪は迅速な解決が必要です。そして今後、同じことが起こらないようにどう対処するかの提案が必須になります。一方、プライベートの場合は時間をかけることも大切です。相手の感情を無視して焦って許しを請うても、うまくいきません。感情的なしこりが残ってしまっては、なおギクシャクしてしまいます。長い目で見て、よりよい関係を築くことを目指すべきでしょう。

山口明雄（やまぐち あきお）

メディアトレーニング講師。株式会社アクセスイースト代表取締役。1945年石川県生まれ。東京外国語大学を卒業後、NHKに入局。帯広・札幌放送局で番組制作にあたる。1985年に広報代理店・株式会社アクセスイーストを設立し、現在に至る。1995年から3年間、世界大手の広報会社ヒル・アンド・ノウルトンの日本支社長を兼務。米国人メディアトレーニング講師に師事。これまで約20年間で4500名あまりの企業・官庁・団体のトップや管理職、広報担当者、政府高官、政財界の指導者に、メディアトレーニング、プレゼンテーショントレーニング、ビジネス会話トレーニングなどをおこなっている。著書に『マスコミ対応はもう怖くない！ メディアトレーニングのすべて』（パレード）、『誤解されない話し方、炎上しない答え方』（ディスカヴァー・トゥエンティワン）など。

装幀　石川直美（カメガイ デザイン オフィス）
イラスト・漫画　上田惣子
本文デザイン　高橋秀哉（高橋デザイン事務所）
協力　谷田俊太郎
編集協力　西澤直人・佐藤友美（ヴュー企画）
編集　鈴木恵美（幻冬舎）

知識ゼロからの謝り方入門

2016年12月15日　第1刷発行

著　者　山口明雄
発行人　見城 徹
編集人　福島広司

発行所　株式会社　幻冬舎
〒151-0051　東京都渋谷区千駄ヶ谷4-9-7
電話　03-5411-6211（編集）　03-5411-6222（営業）
振替　00120-8-767643
印刷・製本所　近代美術株式会社

検印廃止

ISBN978-4-344-90322-7 C2095
Printed in Japan
幻冬舎ホームページアドレス　http://www.gentosha.co.jp/
この本に関するご意見・ご感想をメールでお寄せいただく場合は、comment@gentosha.co.jp まで。